# 50歳に
# なりまして

光浦靖子

文藝春秋

# はじめに　留学の話

実は2020年4月からカナダに留学する予定でした。レギュラー番組に休みをもらい、マンション退出の手続きをし、入学金を振り込み、後はヒートテックの肌着をもう5枚買って……の時にコロナパンデミックがやってきました。留学できなくなりました。

そうこうしているうちに緊急事態宣言が発出され、私は家なき子の仕事なき子になり、妹家族の所に2ヶ月半ほど居候していました。言葉には言霊という霊的な力があって、口にした言葉は現実になると言われています。だから嘘でもポジティブな言葉を口にしろ、と数々の啓発本には書かれていますが、嘘をつくのもなんなんで言いますけど、40代に入った頃からかな？　仕事がゆる〜りと減り始めました。テレビの世界に入って、一度も手を抜いたことはありません。なのに減るのです。流行り？　運？　好感度？

私は独身です。旦那も、子供も、彼氏もいません。わかりやすく私を必要としてくれる人が側にいません。年齢に比例して増えてゆく休み、そりゃ不安になりますよ。長い夜、思っちゃいますよ。「私は誰にも必要とされていない」と。ネットには「面白くない」「消えろ」「消えた」無責任な言葉が溢れています。私は、顔も名前も出さない奴らの憂さ晴らしのためだけに生きているんだ……。28年やってても頑張り方すらわからない世界です。でも私は、この世界の物差ししか持ってなくて、仕事がない＝価値がない、としか思えなくなってしまいました。自分に満足するもしないも、他人からの評価でしか決められない。このままいくと、私はいつか、壊れるな。どうにかしなきゃ。

子供の頃から、みんなができることができませんでした。小学生の頃、リーダー格の女子に「やっちゃんはどう思う?」と聞かれ、答える度にグループで無視をされました。なんでみんなは答えがわかるんだろう。大学生の頃、バイトをクビになってばかりでした。ミスしてクビになったのは仕方ないが、ミスしなくてもクビになる。なんでみんな続けられるんだろう。結婚もそう、出産もそう、ほとんどの同級生ができたのに、なんで私にはできないんだろう。いつも人の目を気にしています。みんなができることができなくて、できないことがバレるのが恥ずかしいから、「元々、人と同じは嫌いなの」風を装っていました。自由奔放に生きるなんて私から最も遠いことです。もうすぐ50歳、もう考え方を変えられるほど柔軟じゃない。だったら、ひん曲がったなりにナチュラルに生きてみよう。

一つのことを追い、極めることが世間では素晴らしいとされています。でも私にはできそうもない。じゃ、どうする? 深さじゃなく、広く浅く、数で勝負するのは?「逃げ」と「新しい挑戦」の線引きなんて曖昧なもんだ。これは「挑戦」だ。私は文房具屋になりたかった。手芸屋にも、花屋にもなりたかった。留学したかった。海外に住んでみたかった。広く浅く全部に手を出そう。今から全部叶えよう。

と開き直ったのも留学する動機の一つです。私は東京外国語大学に通っていましたが、英語が話せません。丸暗記のザ・受験英語でなんとか合格した私は、入学と同時に挫折しました。多くの同級生が英語を話せたんですもん。英語は大学で学ぶものじゃなく、専攻語を学ぶ時に使うもの、話せて当然のものだったんです。ぎゃ。スピーチコンテストに学校代表で出ちゃうような背筋ピーンの人たちに、私の発音は笑われました。私のこの性格です。そう、すぐに大学から逃げました。そしてお笑いライブに通うようになりました。

外国生まれの日本人の友達がいます。彼女は10代で日本に戻って来た時、虐《いじ》められたそうです。「違う」と。でも彼女は「世界はここだけじゃない」ということを知っていたから、虐めを乗り越えられたそうです。仕事も友人も住む場所も、「世界はこだけじゃない」を知ったら、どれだけ強くなれるんだろう。私はそれを知りたいのです。英語から逃げた分岐点に戻って、もう一つの人生も回収したいんです。私には時間があり過ぎるし。

コロナ以降、テレビに映る人が変わったようです。お笑い第7世代と呼ばれる若手、去年まで顔も名前も知らなかった人たち。となると、今までその椅子に座ってた人らはどうなるんだろう……のその人らの一人が私です。マジでやばい！　リアル緊急事態なはずなのに、不思議と心は穏やかです。コロナで留学もできず今は生殺し状態なのに、行動を起こさなくても、決心するだけで心境は変化するようです。

相変わらず、金のかからない女です。

＊

というわけです。ここからがいわゆる書籍の「はじめに」になります。

私は２０２０年４月からカナダに留学するつもりでした。とりあえず行ってみて、こりゃ自分に向いてるぞ、となったら長期で休もうかなと考えておりました。行ってみなけりゃわからないので、言葉を変えればすぐに逃げ帰るかもしれないので、レギュラー番組のスタッフさんと数人の友人にしか伝えてありませんでした。が、コロナがやってきて留学は中止になりました。そこから妹宅に2ヶ月半ほど居候するのですが、その時やってきた仕事が「ボクらの時代」です。相方の大久保さんといとうあさこと、アラフィフ独身3人がこの緊急事態宣言下、どうしてるかをリモートで話してほしい、というリクエストでした。そこで「実は留学中止になったんだ」と話すと、それを見ていた「徹子の部屋」からオファーが来ました。「留学が中止になった話をしてください」と。で、その徹子の部屋のオンエアを見た『月刊文藝春秋』から「留学を決めた理由を書いてください」と依頼が来ました。で、書いたら「ウェブにも載せていいですか?」と言われたのでオッケーしたら、それがバズりました。それが冒頭の「留学の話」です。

第一回目の緊急事態宣言も解除されたので、2ヶ月半ほど居候した妹宅を出てゆくことになりました。でもその時は、またいつこんな状況になるかもしれない、と世界中が不安でした。近くに住んだら安心じゃない？　ここら辺なら家賃も安いし、そうだよ、近くに住んだら靖子んちに毎日遊びに行けるしさ、妹ファミリーの温かい言葉を信じ、妹宅の近くにマンションを借りました。が、甥《おい》っ子も姪《めい》っ子も遊びに来やしない。たった5分の距離なのに。私も一人暮らしが好きだから、別にいいんだけど。本当に別にいいんだけど、また家族でキャンプに行ったんだって。誰か一人くらい気づけばいいのに。「靖子も誘ってみる？」って。

留学が私の人生の一発逆転ホームランになるとすがっていたので、急に梯子《はしご》を外されてしまい、また心の置場がわからなくなってしまいました。仕事のオファーが寝る間もなくやってくれば仕事をこなすだけ、心は安定するでしょう。でも、寝る時間はたっぷりあるし、コロナで外に出ることがぐんと減り、家で一人でいる時間は今まで以上に増え、おかしな話ですが、緊張してリラックスしていないと、気を張って一人時間を楽しんでいないと、気を抜いたら否が応でも自分と向き合ってしまいます。この1年、私はずーっと気を張って家でリラックスしていました。何も考えるな、想像するな、と気を張ってゴロゴロしていました。ただ時間を浪費している。時間を捨てている。わかっているから。

去年の11月です。留学のエージェントの人と話をし、ワクチンも年末にできるし、今年の夏より来年の夏が悪くなるはずはない、という読みで、とりあえず2021年の7月にカナダ留学にリトライしよう、ということになりました。心の拠《よ》り所が見つかりました。心の中に西遊記の画が浮かびます。私の三蔵法師と猿と豚とカッパが意気揚々と歩いています。♪そこに行けば〜どんな夢もかなうというよ〜。カナダが私のガンダーラなのだ。

バズったおかげで、いろんな方から「留学どうなった?」と聞かれます。今日仕事場で、共演者の方に「コロナ次第ですが、一応、7月に行くことに決めました」と伝えると「もう、留学行く行く詐欺《さぎ》やな」と言われました。「英語なんて日本で勉強できるんちゃう?」とも言われました。ぐうの音も出ないとはこのことなり、と思いました。

正しいことをさらりと言わないで。感覚で正しい、正しくないがわかる人っている。頭でこねくり回さずに、だってそうじゃん、と自明の事のように正しい正しくないがわかる人。いや、私も感覚でね、留学するべきだって、この、直感でね……私だって、直感が………。「まだ留学どうのこうのやってんの？　時間止まってない？」、そんな幻聴が聞こえてきました。

7月になれば全てが明るくなるはずだ。

目次

白スポ

装丁　大久保明子
装画・カット　死後くん
DTP　エヴリ・シンク

# 50歳になりまして

# カナダ

なぜ留学先をカナダに決めたのか。私の友人が、カナダで商売を始めようと思ってる、という話から始まりました。

彼は確か私の10個くらい年下だったから30代の後半？　いや、前半？　わからない。年齢不詳な男です。背が低く、ぽっちゃりしていて、メガネをかけていて、童顔で……そう、中国の富裕層のお坊ちゃまみたいな見た目なんです。でもその風貌と違ってかなりのやり手で、自分の会社をもち、けっこう稼いでいます。ただの白Tシャツが超高かったりします。

その彼が、アメリカ縦断ドライブ一人旅に出かけました。カリフォルニア州のどっかから、とにかく北へ向かって車を走らせたんです。アメリカはトランプ政権に代わってからギスギスしてしまったのか、元々そうだったのか、都会は大丈夫なのですが、田舎ではちょくちょく差別を受けたようです。人種差別。昔の話じゃないんですね。今でもあるんですね。彼も一応の覚悟はしていたのですが、思っていた以上だったそうです。あの幼く見える、中国富裕層のお坊ちゃまのようなルックスじゃないですか。子供に見えるのにいい服着て、いい車に乗っている。腹たつっちゃあ腹たつんでしょうが、どこぞの街では小学生の女子たちにいじめられたそうです。はい？　マジで？30代の男が、小学生女子に、差別用語、罵声をずっと浴びせられたそうです。追っかけられたそうです。笑いごとじゃないですが、正直、ちょっと笑ってしまった。

彼は相当傷ついたそうです。旅をすればするほど、アメリカにがっかりしていったそうです。国境を越え、カナダに入った瞬間でした。あれ？　なんか目線が柔らかい、そう思ったそうです。予定のない旅ですから、今晩どこに泊まろうかと地図を見ていたら、人が近づいてきて彼に言いました。「何か困ってますか？　お手伝いしましょうか？」と。パードン？　アメリカで一度も聞いたことのない言葉でした。「This is a pen」に匹敵する教科書でしか見たことのない、日常には存在しないと思われていた言葉が実在したんです。「お手伝いしましょうか?」「あ、ありがとうございます。大丈夫です」そう答えると、またすぐ別の人が彼のところにやってきて言います。「大丈夫? 何か困ってる?」と。

彼はここに住みたい、そう思ったそうです。でも日本に家庭も会社もあるわけで、じゃ、とにかく、いつかここで商売をしよう、そう誓ったそうです。その後、彼はなんどもバンクーバーを訪れます。

で、彼に「僕が案内しますから。本当にいい街ですから」と熱烈に誘われ、バンクーバーに遊びに行ったのが始まりでした。

2018年秋、初バンクーバー旅行のある日の夜。彼と彼の部下と3人でホテルのバーで飲んでいました。私たちはこのホテルには宿泊していません。遅くまでやってるバーがここしか見当たらなかったからです。飲むとすぐにトイレに行きたくなる体質の私の、二度目のトイレからの帰り道でした。バーとトイレが離れてて、廊下をぶらぶら歩いていると、エレベーター待ちの客が目に入りました。白いダウンコートの女性と黒いダウンコートの男性で、顔も見えないのになんとなく日本人とわかりました。なぜ、中国人でもない、韓国人でもない、日本人は日本人をわかるのだろう。小綺麗な服装？　醸《かも》し出す粒子？　日本人って確かに柔らかい、悪く言えば弱そうな空気を出してるからな。よく東南アジアの人が言ってるもんな。「中国人、韓国人、怖い。日本人は優しい。押せばなんでも買う」って。褒《ほ》められてんのか、バカにされてんのか。でもそのカップルは、男性の方は背が高く、ガタイもよく、まるでプロレスラーのようでした。全然、弱そうに見えない、むしろ強そうに見える。でも優しい粒子が出ています。プロレスラー……優しい……バンクーバー……プロレスラー……えっ！まさか!?　そのカップル、佐々木健介さんと北斗晶さんでした。

エレベーターの扉が閉まる寸前に叫びました。「きゃー！　北斗さーん!!!」「えぇえ!!!　光浦ちゃん？!」「うおおお、み、光浦さん？!」「健介さーーん!」抱き合ってしまいました。そう、確か、息子さんがバンクーバーに留学してたような。その通り。息子さんの顔を見にきてたんですと。すごい偶然。あのタイミングでトイレに行ってなかったら会えませんでしたもん。小さな膀胱《ぼうこう》の初めての手柄でした。

翌日、一緒にご飯しました。「息子さんが羨《うらや》ましいな。私も留学してみたかったなぁ」「え? じゃ、光浦ちゃんも留学すればいいじゃん」いや、コストコじゃないんだから。そんな簡単に行けませんよ。「息子がお世話になった、信頼できるエージェントの人いるから。いつでも紹介するよ」

北斗さんの信頼できる人なら、本当に信頼できる人なんでしょう。私は20代の頃、全女(全日本女子プロレス)の追っかけのようなことをしていました。強い女性が子供の頃から大好きで、格闘技が好きで、90年代はもう二度と来ないだろう、女子プロレスが一番盛り上がっていた、一番狂っていた、殺し合いをしていた時代で、その中心にいた一人、デンジャラスクィーンが北斗晶さんです。私の憧れの女性の一人です。バラエティの世界に北斗さんがやってきた時は嬉しかったです。憧れの人と会話できるなんて。とことん強くて、とことん覚悟を決めた人だから、こんなに人に優しくなれるんだろうな、と常々思います。北斗さんはなぜか女芸人に異常に優しいです。異常に。底なしの懐です。

北斗さんの笑うとなくなる細い目を見ていたら、なんだか七福神の一人にこういう顔の人いたよな、なんて思っていたら、なんか神のお告げのような気がしてきました。

「留学」が頭の片隅に、鎮座するようになりました。

# 家

今の家があまり好きになれません。マンションとアパートと団地の間くらいの建物です。留学までの仮住まいだからと我慢しています。

去年まで住んでいた前の家は、綺麗で広くてとにかく立地が良かったです。どこのテレビ局に行くにも30分で行けます。都心の駅近なのに、道一本入っただけで静かで、日当たりは抜群に良くて、冬でも暖かくて暖房いらずでした。家賃はまあ、それなりに高かったです（芸能人にしてはそんなに高くないんじゃないかなぁ）。ただ、難点は、音が響く、これだけでした。

ある家族が上に引っ越してきました。それまで寝室で普通に寝られていたのに、その日から眠れなくなりました。ドカン、バタン、ドカン、バタン。あまりの騒音で、生まれて初めて、注意しに行きました。逆恨みされたらどうしよう、そんなことを考える余裕もないほど、ひどかったからです。マジで、爆弾が落とされたと思って心臓がぎゅうんとなって、その痛みで起きたんですから。これで死んだら完全犯罪成立じゃないか。その家の住人は謝りはしましたが、それからも騒音がおさまることは一度もなく、寝室で眠ることはできなくなりました。

一番騒音がしないリビングの一角に布団を敷いて寝ることになりました。まだ子供が走るバタバタバタという足音の方がマシだったからです。なんの音かわかりませんが、壁に何かをぶつけている音がするんですね。浅間山荘事件のニュース見たことありませんか？　警察が使ったでっかい鉄球を振り子にして壁をどーんとぶち壊す、あれの小型版のイメージ。砲丸投げの球でも壁にぶつけてるのかしら？　たまに、鉄球を転がしているような音もしました。ゴトン！　ゴロゴロゴロ－－－－って。上に室伏選手は住んでいませんでした。

もしかしたら、上の住人も私の留学への背中を押してくれた要因の一つかもしれません。いや、要因の一つです。何か行動を起こす時って、理由は一つじゃないですよね。いろんな理由が、複雑に絡み合って、全てがそちらの方向に向いてるように、それは自分が納得できるようにこじつけているのかもしれませんが、全てがそちらの方向を向いてるようになった時に、決断するんですよね。それを私は「神のお告げ」と呼んでいます。

そのお気に入りのマンションは、契約上、退出の報告は2ヶ月以上前にしなければいけませんでした。そして一度すると、二度と取り消すことはできない、となっていました。もし、事情が変わって退出を取り消したい時はどうしたらいいですか?と管理会社に聞くと、「新たに敷金と礼金と事務手数料、しめて家賃の3ヶ月分を払ってください」としれ〜っと言われました。今住んでいる家にそのまま住むだけなのに?

2020年になりました。4月の1日から私はカナダにいる予定です。3月いっぱいまでここに住みたいのです。となると、1月の31日までに退出手続きをしなければいけないと言われました。2月に入って手続きをすると、住んでいなくても4月分の家賃を丸々頂きます、と。え？　住んでもないのに？　3月に入って手続きをすると、住んでもいないのに4月分、5月分、2ヶ月分の家賃を丸々頂きます、と。はい？サラサラ喋《しゃべ》らないで、ちょっと一回、ゆっくり説明して。

コロナのニュースは1月に入ってから目にするようになりました。日に日に感染者は増えています。ただ、どうなるのかわかりません。はじめに中国、そして東アジアに広まり、でもまだカナダは大丈夫なようです。1月の段階ではね。ニュース番組に出ている人らに聞きました。「コロナはどうなりますかね？」皆さん「うーん……」でした。「世界中がとんでもないことになる可能性も無きにしも非ずだね」と。どっちなんだ。留学行けるのか、行けないのか？　1月の31日までに退出手続きできるのか？

一体どっちが得なんだ？

①3月のギリギリまで様子を見る。留学できた場合、2ヶ月分の家賃をドブに捨てることになる。
②3月のギリギリまで様子を見る。留学できなかった場合、損なし。
③1月31日に退出手続きをする。留学できた場合、損なし。
④1月31日に退出手続きをする。留学できなかった場合、約2ヶ月分の家賃をドブに捨てることになる（1ヶ月分は敷金だから幾分かは返ってくるだろう）。
わからん。整理して書いてもわからん。わからん…………。
その時でした。ドカーン！！！　上の住人が鉄球を床に落とした音がしました。
私は管理会社に電話して言いました。「退出手続きしたいんですけど！」と。

退出手続きをしてから、ずーっと祈っていました。どうかコロナが治《おさ》まりますように、と。毎日、カナダのニュースをチェックしました。本当に、3月に入っても行けるのか行けないのか、わかりませんでした。エージェントの人は3月に入っても「皆さん留学に行かれてますよ」と言っていました。本当に、3月に入ってもカナダは留学生を受け入れていたし、日本からカナダへ行くことは可能でした。アジア人差別が世界で起こっている、というニュースをちらほら見るようになりました。感染者は世界中で着実に増えています。

留学を諦めました。その後すぐに諦めて正解、という状況に世界はみるみる変わってゆきました。

はて、では新しい住まいをどうしよう、ということになりました。このままこの家に住み続けるには新たに敷金、礼金、手数料、家賃の3ヶ月分を余計に払わねばいけません。なんか頭にきます。「こちとら人生の蜘蛛の糸、最後のすがるもんが、プツンと切れたんぜよ。一回、仕事場の人らに休みますって、頭下げとんぜよ。そこに家賃の3ヶ月分を払えって、おまんら鬼ぜよ!」似非《えせ》土佐弁が口から出ました。「こんな家、こっちから願い下げじゃボケぇ!」これは何弁なんでしょう。大好きな家との、なんか残念なお別れでした。さて、コロナで外出は怖いですが、休みの日に急いで新居を探さなきゃいけません。で……。

結果、いい家が見つからず、荷物を倉庫に預け、とりあえず、妹宅に居候することになりました。とりあえず……。

＊

妹の家は都内にあります。旦那、妹、甥っ子、姪っ子、4人家族で一軒家に住んでいます。そこに居候することになりました。妹の旦那は細かいことを気にするタイプではなく、人が居ても平気で、「全然いいよ。いつまでも泊まってってよ」と言ってくれました。言葉の裏を読む私ですが、これは本心だと思います。なぜなら彼は、うちの実家で、父母のいる居間で、ごろっと横になってテレビを見ることができますから。これは結婚したての頃からです。うちの実家なんて普通ですよ。狭いですよ。狭い居間で、義理の両親の横でごろっとしてられるなんて、その姿を見た時、私は「妹は、いい男を捕まえた」と思いました。光浦家は神経質です。小さなことでつまずきます。こんな人の血が必要なのです。

天使も歳をとるのですね。4月から甥っ子は中1に、姪っ子は小5になりました。どちらも食が細く、体が小さく、ガリガリです。なので、中1にも小5にも見えません。もっと幼く見えます。無責任な伯母からしたら、いつまでも小さい方が嬉しいです。ただただ可愛いからです。

ちょこちょこ会っていたつもりですが、会ってなかったのかなぁ？　なんか私の思っていた二人と違いました。外で遊ぶことができないとはいえ、とにかくゲームばかりしています。イヤホンを耳にぶち込み、名前を呼んでも返事もしません。聞こえてないふりをします。ゲーム至上主義。ゲーム以外のものは全て二の次、全て価値のないこと。こんな感じだった？　こんな子らだった？

もともと食は細いですが、ご飯を嫌々食べます。ゲームを中断しなければならないからです。ノルマをこなすようにつまらなそうに咀嚼《そしゃく》をします。甥っ子が「ごちそうさまでした」と言う前に、「ああ、やっと終わった」と言いました。私は初日で、居候の分際で、子育てに口を出すところでした。こらえました。そうなのよ。第三者が子育てに口は出しちゃいけないのよ。ああ、でも腹たつ。せっかく作ってくれた料理に、食べ物に、感謝の気持ちを微塵も持てないなんて……それって人として最低ラインじゃない？　子育てに口を出さない。口を出しちゃダメだって。ふーーーっ……「テメェ、ぶん殴んぞ」と甥っ子に言っていました。食卓の空気がさあーっと悪くなりました。

お粗相をした座敷犬のように、妹夫婦に小さく目だけで謝りました。

夜中に妹から説明を受けました。中学受験が終わるまではゲームを禁止していたこと。受験が終わったら、中学が始まるまでの春休みの間は長めにゲームしていいと約束していたこと。思春期の始まりなのか、自分の気持ちが上手に整理できなくなることがある、ということ。

「ね、お姉ちゃん、大丈夫だから。十分、厳しくもしてるし、優しくもしてるし、話し合ってるし、信じてるし………」

「すいませんでした！！！！！」

子供ってこんなに話の通じない生き物だったっけ？　大人よりも綺麗な心を持った生き物じゃないの？　ご飯だよ、宿題やんなさい、片付けて、ゲームやめなさい、お手伝いして、お風呂入んなさい、もう寝なさい、なぜやらねばいけないのか、いちいち説明がいるの？　全部自分らの為じゃん。それだけじゃん。親が無理強いさせてる？いやいやいやいや……。「…はぁい」この短い言葉に全身全霊で「不本意」という気持ちを載せてきます。子育てってこんなに大変なの？　時間も体力も心もぜーんぶ持ってかれるんだ。

子育てをしてない私は、莫大な量の時間と体力と心を自分のためだけに使えた、そして現在も使える私は、何を得た？

私に与えられたのは、妹宅の将来子供部屋にする予定の、現在は物置になってる部屋です。お風呂場の横に位置します。そこには家族全員の衣装ケースが置いてあり、めいめいがお風呂に入る前にそこからパジャマと下着を取り出します。体に染み付いた動作なので、みんな私がいることを忘れ、ノックをせずにドアを開けます。「わぁっ！　いた!!」毎回、みんな驚きます。「わぁ！　びっくりした。入る前にノックしてよね」私が言います。「ごめん、ごめん」そう言いながら衣装ケースからパジャマと下着を取り出すと、電気を消してドアを閉めます。「電気消さないで!!　私いるから!!」体の奥まで染み付いた一連の動作はなかなか変えられないようです。

妹が布団一式と、小さな折りたたみの机をくれました。前の家から持ってきた観葉植物の鉢4つと、衣装ケース1つ、ノートパソコン、それが私の持ち物の全てです。慎ましやかな生活です。

あ、妹の旦那だけは、自分の寝室にパジャマと下着を置くようになりました。惰性でノックせずにドアを開けて、もしも義理の姉が見ちゃいけないような格好をしていたら悪いからと、気を使ってくれました。やっぱり他人です。私はこういう他人の他人行儀なところが大好きです。

4月に入ると、テレビの仕事が全部キャンセルになりました。そしてすぐに第一回目の緊急事態宣言が発出されました。家を探す予定が、そうそう外に出られなくなりました（第一回目の時は何がなにやらわからないことだらけで、街に出ることは躊躇《ちゅうちょ》されていました）。

世の中に自粛警察なるものが現れ始めました。私が不動産屋と物件探ししているところを写真に撮られ、ネットにあげられたら、吊るし上げに遭うんじゃないか？ 今だと「考えすぎだよ」と笑うかもしれませんが、その時は「物件探しはやめておいたほうがいいよ」と言った人の方が多かったんです。みんな疑心暗鬼でした。人を非難することはなくても、非難されたらどうしよう、何で非難されるかわからない、当時はみんなそう怯えていました。

妹夫婦は二人とも仕事はリモートになりました。それぞれがダイニングテーブルにパソコンを置き、いつも会議的なことをしています。私が起きるとすでに働いております。居候が家主より遅く起きる。うーん……悪いことしてるわけではないけど、なんか悪いと感じる……。仕事の邪魔にならないように、ロパクで、首をひょこっと前に突き出して挨拶をします。起きたところでやることはなし。朝ごはんでも食べようかと、食パンを最新のオーブンレンジに入れるんですが、使い方がいまいちわかりません。でも仕事中の二人に「どうやって使うの？」なんて聞きづらく、テキトーにボタンを押すと、こいつが喋り出すんです。ペッパー君みたいな、ハキハキした優等生声で「トーストですね」と。ちょい、ちょい、仕事中だから。「トーストの場合は角皿を……」黙らせようと慌ててボタンを押すと「新じゃがを使った肉じゃがの作り方をお教えしましょうか？　まずは……」と聞いてもないのに、肉じゃがレシピを喋り出します。だからぁ、黙ってよぉ。あれやこれやボタンを連打してたら、背後から妹の手がすっと伸びてきてボタンをピッと押すと、静かになりました。私は、使えないバイトのように首をひょこっと前に突き出して小さく謝りました。「させん」

一応、食費は払っています。好き勝手になんでも食べていいよ、と言われてはいますし、細かいことを気にする人たちではありません。が、コーヒーがねぇ……。ここの家のコーヒーメーカーが、あのスジャータのミルクみたいな小さな容器に入ったコーヒーの粉をセットして作るやつなんですね。1杯作るのに1容器使い捨てますから、何杯飲んだかがもろわかるんですね。で、その1杯ってのが少なくて、気取った量しか出てこないんです。私は相当なコーヒー飲みで、朝はマグカップなみなみ3杯は飲まないと飲んだ気がしないんです。「すくねーなー」と言いながら、朝は小さなカップに3杯飲んでいたんですが、ある日、妹に言われました。「これ、一つ100円近くするんだよね」と。イラッと粒子がほんわか漂っておりました。マジでか？　一つ100円？　それは思ったより高い。

私は家事を手伝っております。階段と1階スペースと2階リビングの掃除機がけ、洗濯、食器洗い、夕食作り（だいたい週4日）は私がしております。めちゃめちゃしているという空気をめちゃめちゃ出すようにしております。媚《こ》びております。「ね、私がいると楽でしょう？　役に立つでしょう？　コーヒーの3、4杯、飲んでいいでしょう？」と、チラチラご主人様を意識しながら動いております。この家に住んでから、座敷犬のような目つきになりました。

私は料理をすることが苦ではありません。どちらかといえば好きな方です。でも、自分一人のために作っていましたから、頑張ったとて、なんですよね。品数は減り、短時間でできるものばかりになってしまいました。でも今は、美味しいものを作れば褒められるんです。やりがいがあります。

子供がいると、子供中心のメニューになってしまいます。カレーも子供に合わせて甘口です。そんな子供味に飽きた夫婦に、ヤムウンセン、タイの春雨サラダを作ってあげたらすごく喜んでました。「家で、辛いものを食べられるなんて！」と、ヒーヒーいいながらビールをゴクゴク飲んでいました。ね、私がいると便利でしょう？　だから、明日から、コーヒーは4杯飲んでいいですか？　4は多いですよね。はい。

仕事は週に1回のラジオ以外は全部なくなり、とにかく暇です。英会話のリモート授業と、手芸と、連載の原稿書きと、家事と、夕方に妹夫婦とするジョギングと、たまの晩酌と、寝る前のネットフリックスと……もうないです。これがすべてです。規則正しい生活なんて高校生以来で、なんだか健康になったようです。

久々に美容院に行ったら、美容師さんに言われました。「あ、光浦さん。ここに円形脱毛症ありますよ」と。

# 近所の子

留学が中止となり、家なき子になり2ヶ月半ほど妹宅に居候していた時のことです。

この街は若いファミリーが多いです。新しいコンパクトな一軒家と、新しいアパート、マンションが多く、たまに広い庭を持つザ・地主な家があったりします。公園はいつも小さな子供で溢れ、駅までの道中では必ず、どこぞの幼稚園のお散歩、幼子がぎっしり詰まった乳母車とすれ違います。あの車、東京に来て初めて見ました。な、な、なんじゃい⁉︎ 3歳前後って、人類で最も可愛い時じゃないですか。その可愛い生き物が5、6人、箱みたいな中にぎゅうとなって立ってるんですもん。運ばれてるんですもん。それぞれが、それぞれの方向を見ていて。キョロキョロしてる子もいれば、哲学者みたいな難しい顔をした子もいて。めまいがするほどの「可愛い」の大移動。ああ、一度でいいから押してみたいー。あの車とすれ違う時は、わざと歩みをのろくしています。目が合ったりすると、先生にはバレないようにちょっとだけ変な顔をしておきます。

子育ては大変です。妹を見ていてわかりました。体も心もヘトヘトになっちゃうんですね。いくら可愛かろうが、一人になりたい時はあるはずです。私は、猛烈に小さな子と遊びたいんです。ああ、誰か子供と遊ばせてくれないかなぁ……。「あ、わかります？　私、光浦靖子です。はい、テレビでおなじみの。1時間くらいお子さん預かりましょうか。その間、ランチでも美容院でもどうぞ」

私は小さい頃から小さい子が好きで。近所の小さい子、親戚の小さい子とよく遊びました。そんな私のことを知って、よゐこの有野が、まだ娘さんたちが小さかった頃よくご飯に誘ってくれました。たまには夫婦でしっぽり酒を飲みたいんだ、なんて風を装って、娘二人を私に任せてくれたりして。そんな優しい有野に、たまに注意されました。「今、人さらいの目してたで」

公園で遊ぶ子供を、あまりじーっと見ないようにしています。さらりと見るようにしています。ママさんたちを怖がらせてはいけないからです。あーあ、モンスターペアレントじゃない人の子供を預からせてくんねーかなー。

妹の家の周りは、なぜか小学校1、2年生くらいの男の子が多くいました。みんな今、マスクをしているので、正直、誰が誰やらわかりません。でも、みんな人懐っこくて、急にここに住み始めたおばさんもなんとなく受け入れてくれています。

私がコンビニへおやつを買いに行こうと家を出た時でした。近所の男の子が向こうから歩いてきました。挨拶した方がいいかしら？　甥っ子、姪っ子が一緒の時、ちょっとお話ししたことあるけど……でも、自分が小学生の頃、大人に声をかけられたら恥ずかしくて嫌だったしなぁ……。一応「こんにちは」と声をかけてみました。すると、「どこいくの？」全くリラックスした口調で聞かれました。な、な、なんだ。それは彼女に対する言い方じゃないか。思いもよらないフレンドリーさに、こっちが緊張してしまいました。「あ、ああ。コ、コンビニ」「あ、そう」……会話が終わっちゃった。いかん、なんか続けないと……。つーか、なぜ私が焦る。「あ、ああ…なんか要る?」「いらない」

そりゃそうだ。まだ名前も知らない間柄で、何か買ってもらったりしちゃダメだよね。

「うん。じゃあね」「じゃあね」

キュンキュンきました。

ある日、仕事から帰ると、隣の家の前で、なんとも困ったSOS感満載の顔で男の子が立っていました。「どうしたの?」聞くと「毒虫が……毒虫が……」と言います。毒虫?

「何? どこ?」「こっち」

私を玄関の方へいざない、ドアのあたりを指差します。よーく目を凝らすと、長さ2センチにも満たないほっそい毛虫がおりました。彼の顔を見ると、大きくうなずきました。なんだよぉ。こんな小さな虫が怖くて、ドアが開けられなくて家に入れないんだ。可愛い。都会っ子。

「大丈夫だよ」その辺に落ちてた棒に毛虫を引っ掛け、棒ごと遠くへほかってあげました。その間、私の後ろから心配そうにチラチラ毛虫を覗いていました。

「これで大丈夫。怖くないね？」「うん。ありがとう」そう言うと、その男の子は走ってどっかに行ってしまいました。

……はい？　どこの子？　え？　ここんちの子じゃないの？

キュンキュンきました。

毎朝起きると、窓を開け、布団を畳みます。家の気密性がよいせいか、加湿器なしでも一晩でなんとなく空気が湿気る感じがするのです。今日も晴れ。布団の間に空気を入れるように豪快にたたんでいると、ふと何かを感じます。なんだろう……視線のような……はっ!! お向かいのマンションから、小さい男の子が私に手を振っていました。あああ、可愛いーーー。柵の間から顔を覗かせて、置物みたい。この子は4、5歳で、食べるのが大好きでちょっとむちっとしてるんです。むちっとしてるから暑いのかな? まだクッソ寒いのによくTシャツ一丁で。今日は長袖だ。

いい加減動かないと、と青学の動的ストレッチを始めたんですが、結構バタバタと足音がするので家の外でやってるんです。妹夫婦は二人ともリモートですから、いつ会議が始まるかわかりませんし。別に決めた時間にやってるわけではないのに、私が青学の動的ストレッチをやっている時になぜかこの子と会うんです。で、一番辛い時に「何やってるの?」と聞いてくるんです。で、ゼエゼエしながら「青学の動的ストレッチ」と答えると、彼がきょとーんとする、がルーティンになっています。

私「おはよう」

男の子「おはよう。…バイバイ」

私「バイバイ」

キュンキュンきました。

一度目の緊急事態宣言は解除されましたが、小学校は2日に一度、3日に一度の登校だそうで、縄跳びの宿題が出ているそうです。

初めは一人の男の子でした。お父さんに見てもらいながら、二重跳びの練習を夕方していました。シュシュシュシュ、シュシュシュシュ。あの二重跳びをする時の音って結構響くんです。私の物置部屋からはよく聞こえます。1回、2回、3回……着実に回数は増えてゆくんですが、どうしても二桁にはなりません。反復練習はつまらないものです。でも彼は毎日、縄跳びを練習していました。

そこに、別の子も加わるようになりました。「あんたも〇〇くんみたいに頑張んなさい」お母さんと参加です。

そこに別の子も加わり、うちの甥っ子も姪っ子も加わるようになり、人数も増え、行くなら今かな?と、どさくさに紛れて私も加わってみました。大人で縄跳びをする人は私しかいませんでしたが、子供たちは受け入れてくれました。

「二重跳び何回できる?」「2回が限界だな。何回?」「13回」「すごいじゃん」「最高記録！」

子供は可愛いです。「すごい」と一言言うだけで、頑張って、回数が1回でも増えればいちいち報告をしにきます。その度に「すごい」と言えば、また頑張ります。

家族ぐるみの付き合いに憧れていました。東京に住んでから、どこの町内会にも所属していません。所属の仕方がわからないし、情報もやってこないし、家庭を持ってないと入っちゃいけないのかな？と思っていました。いつか子供神輿《みこし》の引率をし、休憩の時ビニールの棒ジュースを配る人になるのが夢だった私には、この夕方の小一時間がとても楽しくて。親同士はマスクをして、ディスタンスをとって、1日1回の他人との会話を楽しんでいます。「コロナ、怖いですね」子供たちもマスクをしてるし、縄跳びなら距離を保てます。あの時は、何で感染するのかよくわからず、ただただ接触を避けることしかできなくて、でもそれも辛くなってきている頃でした。

「ねえねえ、10回跳べたー」と子供が言っても、親はおしゃべりをしています。「ねえ、ねえ」親は聞いていません。私です。私しかフリーの大人はいません。褒めてくれる大人はいません。でも最近、急に見かけるようになったこの人は一体何者なのか、子供たちはわかっていません。自分の親以外の大人を呼ぶ時は「〇〇君のお父さん」「〇〇君のお母さん」と呼びます。

困った子供らが私をこう呼びました。

「ねえねえ、お母さんじゃないもう一人の人ぉ」

笑っちゃいました。可愛い。なんだろう。子供なりの気遣い。なんて可愛い子供たちなんだ。

コロナで起こったいいことの一つ。

# 英会話教室

妹夫婦はどちらもラッキーなことに仕事はリモートになりました。朝からダイニングテーブルで二人パソコンを置いて仕事をしています。私の方は、テレビ収録は全部なくなり、週に一度のラジオの生放送と、月に数本の連載の原稿を書くだけになりました。やることといったら、英会話教室のオンライン授業くらいです。

この英会話教室に通い出して1年経ちました。こんなにちゃんと通ったのは初めてです。今まで家庭教師をつけたり、大手の英会話スクールに通ったりした経験はあるんですが、どれも半年も続きませんでした。「私、芸能人でしょう？　有名人でしょう？　だから……」と格好つけて、プライベートレッスンしか受けたことがありませんでした。「日本人の先生もね、私生活をしつこく聞かれたら面倒臭いし」と、人をイラッとさせる勘違いと偏見で、外国人のネイティブスピーカーのレッスンしか受けたことないんですね。それが間違いでした。ネイティブでも、日本語を多少理解してくれれば良いのですが、私が今まで会った先生ってのが、全員、全く日本語を話せない人ばかりで……。日本語がわかる教え方のうまい先生って、どこも随分前に予約しないと取れないんですよね。私の仕事は前日まで入るかどうかわからない、時間がわからない、なんてことがよくあって、ギリギリにならないと予約を入れられないんです。ギリギリでも予約が取れる先生、しか予約が取れないんですね。

「昨日何した?」と聞かれ、一生懸命英語で答えるんですが、何を話してもお手上げのポーズ、あの両手のひらを上に向けて肩をすくめるやつね、あれしかしない先生もいました。大手の英会話スクールです。この授業料、45分で7500円です。外国人は気持ちを表に出します。とてもつまらなそうな顔をしてため息をつかれるもんだから、黙ってしまうしかありませんでした。二人きりの空間で無言は辛いですよ。辛い思いをして45分で7500円です。続くわきゃないです。

最近、街で「おい、光浦!!」なんて学生に名前を呼ばれることがなくなりました。ま、普通に考えて、お母さんと同じような年齢の人を、本人を前にして呼び捨てにしないか。若者が見る番組に近頃あまり出てないので、街でジロジロ見られることも、気づかれることもなくなりました。やっぱりね、人のことばかり見てるのは若者なんですね。「あ、あの人ほら、あれ」って気づくのは若者です。カフェでおしゃべりに夢中になってたのに、誰かが入ってきた瞬間にピタッと会話を止め、その入ってきた人を頭のてっぺんから足のつま先まで全身チェックするのは、若い女性です。先日、人気があるとつゆ知らず、あるカフェのドアを開けた瞬間、殺されるかと思いました。四方八方から若い女性の視線が一斉に集まってきたんですもん。それがまたヒットマンのような鋭い鋭い目線で。反射神経でドアを閉めてしまいました。

そう、芸能人に気づくのは頑張って30代までです。現在、私のファン層というのは30代後半から50代女性がほとんどです。10代、20代はほぼゼロです。なので、街で見つかるということが、ここ最近、本当になくなりました。しかもメガネを外してマスクをしているので、電車通勤してますが、だーれも気づきません。最近オーラの出も悪くなったのか、テレビ局でもだーれも気づきません。これは問題です。オーラは出さなきゃ。「おはようございます」とこちらが言ってるのに、若手芸人に「は？　誰こいつ？」という顔をよくされます。プロデューサーに見せる顔と全然違うー。あたしゃ見てるからね。

今の英会話教室を選んだのはYouTubeを見てです。面白い人が英会話チャンネルをやってて、で、その人が教室を開いていると。調べてみると家から近いし、授業料は安いし、先生の全員がバイリンガルだし。これは今までの失敗を全てクリアです。そして私はもうキャーキャー言われるタレントでもないし、プライベートレッスンでなく、クラスに通うことにしました。

でも、やっぱり、私も腐っても芸能人だしなぁ……。小さな防御策で偽名で登録しました。小さな貿易会社で事務をしている「アキコさん」としました。

先生は私のことを「アキコさん」と呼びます。外国人の先生も日本人の先生もいますが、皆さん日本のテレビにあまり興味がないようです。全く私に気づいてないような……気づいてて無視してくれてるような……。生徒の皆さんは、30、40代が中心です。仕事をバリバリやってる人、次のステップに進むためちょっと休憩してる人、楽しみ上手な有閑マダムっぽい人。クラスは少ないと2人、多くても6、7人。レベル分けしてあるので、私が会うのは、ま、延べで20くらいの人らです。みんないい人たちです。誰一人「あれ？　もしかしてテレビ出てる人？」なんて言いません。一瞬「あれ？」という顔をしてもすぐに私を無視してくれました。腫れ物に触るように無視するわけでなく、何度か顔を合わせ、お互いに顔を覚えるくらいの間柄になったら、「アキコさん、次の〇〇先生のクラスも出ます？」なんて、とてもたわいのないことを話しかけてくれました。距離感が非常にいい!!　もう少し顔見知りになったら「頭使うとお腹すきますよね。1枚どうです？」と干し芋をくれました。距離感が非常にいい!!

授業の頭は大体フリーカンバセイションです。昨日何した？　今週の予定は？　貿易会社の事務をしていると嘘をつきましたが、そんな経験ありませんから、それらしい単語は、輸入、輸出、エクセル?くらいしかありません。すぐにつじつまが合わなくなりました。英語を話すことで精一杯で、嘘の話を作る余裕などありません。つい「昨日、ラジオの収録で……」とか話してしまいました。一度ではありません。「昨日のテレビ収録で……」とかちょいちょい。でも、誰もそこに引っかかりませんでした。流してくれました。このご時世、ネットを見りゃなんでも晒《さら》されています。私が光浦ということはみーんな気づいてるはずです。光浦靖子が本名だってこともわかります。なんじゃ「アキコ」って? でも、だーれもそこには触れません。そして、今もみんなは私のことを「アキコさん」と呼んでくれます。優しいです。大人って優しいです。

だから、緊急事態宣言の最中、久々にクラスメイトの顔をパソコン越しに見た時に、ちょっとキュンとしてしまいました。授業中にしか会話をしたことない人らです。Zoomの画面の下に書いてあるのを見て初めて名字を知った人らです。「How have you been?」「Good」

元気そうでよかった。深入りしない会話が優しいです。

Ｚｏｏｍの画面には、部屋の一部が映ります。先生も含め、みんなキャラ通りの部屋に住んでました。壁紙で部屋を見えなくする人も、なんかキャラ通りでした。あんまり嬉しくて、「今、妹の家に居候していまして」と、両壁にぎっしり並べられてる衣装ケースをカメラに映したら爆笑してくれました。みんなすぐ笑います。ちゃんとした大人はよく笑うんですね。

# 情報

コロナ禍になり、1年。友人の幅がぐんと狭まりました。地元の同級生、大学の同級生、タレントのお友達、この3つのLINEグループだけですね。今、生きているLINEは。正直、誰からも連絡が入りません。LINEグループは私以外の人に話しかけてる可能性大で、私も雪崩式に会話に入っちゃってるという感じです。

タレントのLINEグループは、清水ミチコさん、黒沢かずこさん（森三中）、白鳥久美子さん（たんぽぽ）、私の4人でやっております。

黒沢がコロナになったのはご存知ですか？　結構早かったです。芸能人で3、4人目くらいじゃなかったでしょうか。で、白鳥さんもコロナになったのはご存知ですか？白鳥さんも随分、早い方でした。びっくりしましたもん。私の数少ない親友の二人がコロナになるなんて。その頃、会ってなかったのですが、私が原因か？なんてマジで悩みましたもん。

ある日、清水さんから連絡がありました。黒沢の快気祝いしたいよね、と。で、話をしてるうちに、快気祝いするなら白鳥さんも呼んで、Ｗコロナ師匠のお祝いにしましょうよ、となり、とりあえずＬＩＮＥグループを作ることになりました。

このＬＩＮＥグループができた時は、ご飯も行けない時期でした。ちょっと寂しくて不安で、テレビ電話で顔を見ながら話そうってなったんです。久々でしたがみんな顔も、話し方も、話す内容も全然変わってなくて、なんだかキュンときてしまって、妙な絆ができてしまいました。「コロナが落ち着いたらご飯行こうね‼」

誰かが日々思ったことを呟けば、誰かが答え、ちょっと大喜利風になり、で自然消滅する。芸能人のゲスいニュースが上がれば、白スポと黒スポが動く。なんか、そういうくだらない会話が楽しいです。あ、白スポ、黒スポ、知りませんか？

「白スポ」は白鳥さんが持ってくる情報の総称。白鳥さんは玉石混淆、全てネットから引っ張ってきます。だから、芸能界と黒い関係とか、嘘臭い噂に詳しいです。白鳥さんの話を聞いていると、私たち以外の芸能人は全員、黒いようです。私たち機械オンチの中では、電脳、IT、メカドックと呼ばれています。

「黒スポ」は黒沢が持ってくる情報の総称。黒沢は足で情報を稼ぎます。噂大好き、吉本興業に所属する利点を大いに生かしております。人嫌いのくせに人懐っこい黒沢は、芸能人になった今でもミーハー心は忘れず、追っかけ、出待ち、一ファンとして長い行列に何時間も並びます。その忍耐力と人懐っこさで、情報を稼いでいます。

私は随分前から、この2紙を購読しております。清水さんにオススメしたら、すぐに定期購読者になりました。

私が持ってくる情報は……ないです。ゼ〜ロ〜。昔から噂話に疎《うと》いです。疎いというか……お味噌扱いされます。昔から「やっちゃんには伝えなくていいよ」と、私だけ教えてもらえない、ということが多々ありました。今でも「光浦さんに伝えると怒るかもしれないから」なんて妙な気遣いで、私だけ知らなかったお家騒動なんて多々あります。

中学3年の時でした。私の親友が血相を変えて、教室から出てゆこうとしていました。「なんで？　どうした？」「やっちゃんはいいから」そう言って、別の友達と連れ立って教室を飛び出して行きました。はて？

後に知るんですが、どうやら不良グループから呼び出されてたらしいです。私の親友が不良の一人の悪口を言いふらしていると。「先生に贔屓《ひいき》されてる。車で送ってもらってる。デキてる」的な？

親友はそんなこと言ってません。だから、濡れ衣だ、と主張しました。気の強い親友は、信じてもらえないならしょうがねぇ、やるか？　と、一触即発までいったそうです。結局、殴り合いになる前に、濡れ衣だとわかってもらえたそうですが……。

はて。なんかその話、既視感あるなぁ……あ、それ、私じゃね？

数日前、不良の〇〇ちゃんが、頭が痛いだとかで早退して、その時先生が〇〇ちゃんを車で送ってったんですね。なんでか知らんが私はそれを知ってたんです。私はお腹が弱く、しょっちゅう下痢をしてて、よく早退していました。で、またお腹を壊して早退する時、先生に言ったんです。「送ってって」と。そしたら先生が「歩いて帰れ」と。で、私が深い意味もなく「ずるい、〇〇ちゃんは送ってったのにぃ。贔屓だぁ。不良ばっかり贔屓だぁ」と言ったんですね。

あ……「不良ばっかり贔屓だぁ」は、確かにちょっとチクリとやったかも？

当時、上から押さえつける教師ばかりの中で、その先生は生徒と横並び風に接するので、赴任《ふにん》してきてすぐに人気者になりました。若くてちょっとカッコよかったし、ホームルームで無駄な説教も垂れなかったから、不良たちも先生に刃向かうことなく、友達のように懐いていました。私も先生が好きで、マドレーヌとか焼いてプレゼントしてましたもん。恋です。淡い恋ですね。でも恋してるからこそわかるんです。先生は不良に気を使いすぎてる、と。常に友達風な接し方で、不良の理不尽な怒りの矛先にならないように、ならないように、細心の注意を払ってる。いつも顔色を窺《うかが》ってる。

で、一度車で送ってもらった不良の◯◯ちゃんが味をしめて、また先生に車で家まで送ってくれと頼んだところ、先生に断られたらしいんです。どうやら、ある生徒から贔屓だ、と注意されたと。

で、話に尾ひれがつき、「贔屓だ。デキてる」と噂をばらまいてる奴がいる。誰だ？狩るぞ。となったわけです。

親友に「早く言ってよ!!」とキレられました。私は言いました。「教えてくれなかったんだもん。わからんよ」と。「あ……ああ、そうだよね」なんかしぼーんと事件はおさまりました。不良からもなんのコンタクトもありませんでした。

たまにある事務所ライブの打ち上げなどで、15年、20年後輩らと飲んだ時、事務所ゴシップを知ります。

後輩A「○○さんの最新情報知ってます？」

後輩B「え？　なになに？　教えて」

後輩C「えー知りたい」

待て。待て待て。ちょっと待て。最新情報の前に、その○○さんがどうした？　なんかあったのか？

全員「え？　知らないんですか？　もう1年以上前の話ですよ」

そんなのばっかり。私だけ知らないことばっかり。人力舎の話なのに。人力舎では、ビシバシステムのお二人の次に、三番目に私が古い。ぶっちゃけ、社長（二代目）より、人力舎に関わった年数は長い。貢献度は自分で言うのもなんだが、相当なものだと思う。なのに、なのに、15年、20年後輩まで知ってるネタを私は知らない。お味噌。お味噌扱いだ。

不倫をしていた知人に言われて傷ついたことがあります。「やっちゃんだけには知られたくなかったなぁ。だって、やっちゃん、不倫とか怒るタイプだし」決めつけ。私の何を見ていたのだろう。しかも間違った決めつけ。自分が当事者でなければ、しかも、あなたくらいの関係性の人だったら、不倫してようが、してまいが、どうでもいいです。私は結婚してないので、不倫された奥さんの気持ちを想像するのは難しい。不倫をしたことないので、不倫する女の気持ちを想像するのも難しい。どちらの肩も持てません。それより、決めつけて人をカテゴライズして上に立ったような気になるの、良くないよ。あなた、そういうとこあるよ。

芸能人の不倫問題。コメンテーターが「奥さんがかわいそう。お子さんがかわいそう。ご家族の気持ちを考えたら、許せないですね」的なことを言って怒ってますが、おかしいですよね。奥さんとお子さんのことをかわいそうと思うなら、ニュースにしないこと、いち早く国民がこのニュースを忘れるように尽力することですよね。でもコメンテーターもお金をもらってるわけだし、仕事だし、何か言わなきゃいけないわけで、「どうでもいいでしょ、二人の問題でしょ」は、それを言っちゃおしまいよ、な訳で。

で、私、コメンテーターでもないのに、ワイドショーの不倫問題へのコメント、一生懸命考えました。

「私は結婚もしておらず、子供もおらず、正直、奥さんの気持ちを想像することは難しいです。結婚もしてないお前が言うな、という意見はごもっともだと思います。でも、私も子供だった時代はあります。お子さんの気持ちは想像できるかもしれません。大きくなった時、自分の父親の名前を検索した時、このニュースを目にしたら、たくさんの人からの非難のコメントを目にしたら、傷つくでしょう。悲しいですよ。もしかしたら、同級生にからかわれるかもしれません。この不倫は子供には関係のないことです。一人の子供が傷つくことを阻止できたらいいな、と私は思います」

どうでしょう？

# 同級生と手芸

高校時代の仲良しグループのメンバーは、恐ろしいことにほとんどが独身です。8人中6人が独身です。結婚がいいとは断じて言いませんが、この確率の高さは呪いだと解釈しています。毎日つるんでいた高校生の時、きゃっこら、きゃっこらはしゃぎながら、きっと、入ってはいけない域に足を踏み入れた、結界を越えてしまったんだと私は思っています。例えば、身分の違いによって結ばれなかった男女が心中して、その魂を鎮《しず》めるために祀《まつ》られた岩とかね、その岩の上に大好きなうまい棒を並べてお茶会しちゃったとか。呪いじゃなきゃこの独身率の高さ、納得できないですよ。

それとも我が強そうに見えて、みんな周りを気にするタイプだったからかしら。チキンレースです。「いつ嫁に行く?」「まだのんびりしてていい?」「行く?」「まだ行かないよね?」なんて周りばっかり見ながら前に進んでたら、全員で手を繋いで一生独身の海にドボン、みたいな。いや、やっぱ我が強いのが原因だと思うなぁ。高校時代、一言も口を利けなかった男子が、大人になってやっと会話ができるようになった男子が、一、二度飲んだだけの男子が「もう、アイツ(私の仲良しグループの一人)とは一生、飲まねぇ!!」とキレてましたからね。多分、喧嘩《けんか》したんでしょう。折れなかったんでしょう。折ってやったんでしょう。

彼女らは私からすると優しいし、信用できるし、強いし、一緒にいて楽しいです。このままいけば、みんな独りで老後を乗り越えなきゃいけなくなるから、また高校生の時のようにつるめないかな、なんてぼんやり思っています。決してリーダーじゃなかったけど、いらぬ責任感の強さで、何かを発案するのは私の役目だったので、ずーっと全員が楽しく生きてゆける老後を、その道筋を作らねばと思い続け、プレッシャーを感じています(※注 誰からも頼まれてないです)。

私は、女たちが集まってお喋りしながら手を動かして何かを作る、その姿を見るのが異常に好きです。海外のも好き、農村のも好き、漁村のも好き、今のも昔のも太古のも好き。ピースフル。こんなピースフルありますか?

女の人はお喋りです。でも男の人のように、深く深く掘り下げてゆきたいわけじゃないんです。横に横にスライドしてゆくトークが得意です。感覚で話ができます。だから手を動かしながらお喋りをすることができます。ただ聞いてほしいだけ、そんな話は山ほどあります。オチなんかありません。胸のところに留めておいたら、嫌な形に化けてしまいそうなモノを早く吐き出したいんです。笑い飛ばしたい、一緒に笑い飛ばして欲しいんです。笑い声が成仏させてくれます。

大切なモノは胸に留めて、ちゃんと育てて、いつか話すかもしれません。オチだってつけるし、起承転結だってつけられますよ。でも、その前に、あまりに沢山感じちゃうから、雑魚キャラはばったばったと、笑い飛ばしていかないと、パンクしちゃうんです。

まるで女代表のように語りましたが、私のことです。私自身のことです。だから、オチがない、と言わないでください。一緒に、何も考えず、多分ここだなってところで、嘘で笑っておいてください。私はそれでご機嫌になれますから。

憧れです。将来、こういう女たちがお喋りしながら手を動かす世界を作れないかなぁと思っています。そこでお金を、大金でなくていい、その日暮らせるお金を稼げないかなぁと思っています。綺麗な海の近くにカフェを作ろうと思っています。足腰の丈夫な同級生に裏の畑で野菜を作らせて、厨房と給仕を任せ、空き時間には私が教えたマスコットを作らせ、それをネットで売るなり、店の片隅で売るなりさせて、私は観光客とたまにお喋りしてればいいかなぁ……なんて。搾取！！！　劣悪環境！！！　腐った資本家！！！

60歳までにはそのレールを敷けたらいいいなぁ。

手芸はいいですよ。全ての人にオススメしています。手を動かしていると、同じ作業をしていると、ゾーンに入りますから。寝ているような、寝てないような、脳みそから気持ちの良い汁が出てきますから。

小学校3年生のクラブの時間で手芸に出会ってから、ずっと好きです。飽きたことが一度もありません。子供の頃から「婦人百科」「おしゃれ工房」「すてきにハンドメイド」など手芸番組が大好きでした。モノが作られてゆくのを見るのが大好きです。手提げ袋でも服でも、普通は布と同じ色の糸を使い、縫い目をわからなくするのですが、作り方の説明で「わかりやすく赤色にしております」と、わざと縫い目がわかるように、赤色の糸で縫うことがあるんです。それがたまらなく好きでした。「イーーーーーッ!!!」となるんです。わからないですよね、その感覚。美味しいブリの照り焼きを食べた時、旨味成分が口いっぱいに広がって、ほっぺが内側にキュウウと縮んでくる感じと、息を吐くことを忘れて吸って、吸って、吸い続けて、その空気で体がちょっと浮く感じと、おしっこが漏れそうな感じの間……わかりませんか?

普段、白い糸で縫うところが赤い糸で縫われているんですよ。特に手縫いがたまりません。プロがテレビ用に縫うわけですよ。それは一目、一目、本当に均等で。でも機械のような均等さじゃなく、どこか丸みを帯びてて、イーーーーーーーッ!!!

文房具屋さんでもよくなりました。サンリオの可愛いものも大好きでしたがそれではなく、普通の鉛筆が5Hから5Bまで並んでたりするとイーーーーッ！！！となりました。飾り気のないもので種類があると興奮しました。画用紙のサイズ違いが並んでいるのを見てイーーーー！！！となります。梱包《こんぽう》素材の卸《おろし》の店もイーーーーッ！！！となりますね。だって、様々な大きさの業務用ビニール袋や、業務用紙袋が溢れているんですもん。そう、紙袋も大好きで、捨てられません。私のフェイバリット紙袋は、駄菓子屋でカレーせんべいを入れてくれる、口がギザギザに切られてる、縦筋のある、ただの白い紙袋です。筋ナシも好きですが、筋アリがたまりません。あの、油紙みたいな質感の筋がたまらないですよね。油紙、あの透けてる感じの紙を見るとイーーーーーッ！！！となります。あの油紙的な紙質の封筒あるじゃないですか。耐久性のなさそうな、ペラペラの茶色の封筒。あれもたまらないですね。封筒といえば、全然可愛くない白い封筒の内側にある、紫色のひとまわり小さい封筒とか、イーーーーッ！！！となりませんか？

これをフェチと呼ぶんでしょうね。

SNS

エゴサーチをしても、ろくなことはないです。見ない方がいいし、見たくないです。追い詰められます。でも世の中の人が私のどこを不快に思うのか、どこに好感を持つのか知っておかないと、と思って……。面と向かって「ここが良かったよ」「ここが悪かった」と言ってくれる人は私の周りにいません。それが人望なのか……。

人力舎のマネージャーで、私より年上の人はもういません。みんな歳も下、キャリアも下です。だから「そんな。自分が光浦さんに何か言うなんておこがましいです」と言います。初めはいいです。1年経っても「いや、自分が何か言うなんておこがましいです」と言われたら、もうなにも聞けなくなります。ああ、私と心中する気はサラサラないんだ。私の船が沈みかけても、この隣にいる人はただ傍観するだけなんだ。

みなし子の気持ちになります。

ま、1年私の側にいたからこそ、私のこの厄介な性格を知って、みんなこう返しているのかもしれません。だったらある意味できるマネージャーたちです。私は落ち込みやすく嘘に敏感です。仕事がうまくいかなかった時。「どうだった?」と聞いて、どこか悪いところを指摘されれば落ち込みます。しかも長く落ち込みます。だからといって、ソフトに言葉を選んで表面的なことを言われれば「嘘をつかれた」「この関係性で嘘を?」「私が嘘をつかせてる?」「萎縮《いしゅく》させせてる?」「どうしたら他のタレントさんみたいに愛される人になれるんだろう」と、自分の人格的な問題も持ち出してダブルで落ち込みます。どう答えたって落ち込むんです。厄介です。

こんな人のマネージャーにはなりたくないものですね(他人事風)。

私のマネージャーは現在3人います。私に3人付いているのではなくて、マネージャー3人のそのチームが20組くらいのタレントを受け持っているのです。20組のうちの一人が私なんです。

一番長いマネージャー（女40代）は、なんだかんだで20年近く私を受け持っています。私は番組を1本収録する度に、本当は聞きたいのです。私は面白かったか。方向は合っていたか。可愛らしさは残っていたか。ちゃんと仕事してたか。してなかったか。だったらどこを直せばいい？　いつも不安なんです。教えて欲しいんです。でも恥ずかしくて聞けません。

彼女は20年近く私の側にいます。20年修行をつんだ僧のようなもんです。そんな彼女は、本当に面白かった時だけ、私に「面白かったです」と言います。すごくないですか？　否定でない。嘘もついてない。だから私が落ち込まない。私の扱い方の正解です。よくぞ思いついた!!

彼女に「面白かった」と言われたら嬉しいです。彼女は純粋にお笑いやサブカルが好きで、彼女の「面白い」に対する選球眼は間違ってないと私は信じてるからです。でも彼女が面白かったと言うのは20回に1回くらいです。だから19回は、きっと……面白くなかったんです。

私はどこからでも落ち込むことができます。もう、神のように無から不安を生み出すことすらできます。私は、どうしたらいいんでしょうか。

私のこの異常に落ち込む、傷つく性格のせいで、誰も私にダメ出しをしなくなりました。アドバイスをくれなくなりました。だからSNSを見るしかないのです。そこで知るしかないのです。私の何が悪かったのか。最も無責任に人をどん底まで傷つけるSNSをね。皮肉なものです。この仕事を続けたくて無理して見て、またこの仕事を辞めたくなりました。

なぜ人はそんなに呟くんでしょう。呼吸をするように人の容姿についてまた誰かが世界に向かって発信しています。「○○久々に見たけど」という枕詞の後に、「太った」「痩せた」「歳取った」「老けた」「劣化」。永遠に同じ体型と若さを保ってないといけないんでしょうか。私が知らないうちに、不老不死が世の中のスタンダードになったのでしょうか。しかしこの枕詞もすごいです。「久々に見たけど」たった9つの音の中に、対象となる人物への侮蔑《ぶべつ》、「自分テレビに全然興味ないから滅多に見ないんだけど」というマウンティングと虚勢、こんなにいろんな気持ちを込められるなんて、大したもんだ（夏井先生風）。

私は今年50歳になります。今までは「おばあちゃんみたい」と言われても、なんとも思いませんでした。子供の頃から言われてたし、なんなら可愛い生き物として扱ってもらってるみたいで、言い方次第では褒め言葉にも聞こえました。しかし、最近、全然笑えません。自分のふとした顔が老けていて、びっくりします。自分の思ってる顔と、実際の顔が違うんですもん。最近、急激に、乖離《かいり》してきています。自分の顔に上手く馴染めません。

ある番組で、モーニングルーティンを自撮りすることになりました。私は朝起きると必ず首が痛いです。「あいててて」とゆっくり回すことから一日が始まります。そんな話を打ち合わせでしたら、スタッフに是非その場面を撮ってくれ、と頼まれました。なので、少し大袈裟に盛ってVTRを撮りました。バラエティですから。面白くするために。

正月、コロナで実家に帰れなかったので、地元の友達がテレビ電話をかけてきてくれました。いつもは同級生が、女ばかり10人くらい集まって年越し飲み会をするのですが、「今年は少人数で短時間でディスタンスで、こんな感じだよ」と寂しい画面を映してくれました。そこにいた別の同級生の一人が電話を代わり、言いました。「やっちゃん、あの番組見たけど、おばあちゃんにしか見えなかった。やばいよ」と。

そ、そうだよ。面白くするためにわざと年寄り臭く見せて、実際、スタジオでも「おばあちゃんか！」というツッコミももらえて、笑いになったし……。「ありがとう。面白かった？」そう言えたら、私は立派な芸能人です。地元へ帰るたびに「故郷に錦を飾った人」と、パレードを催されるような、ひとかどの人物になれたでしょう。でも私は……ただ、ムカッときました。

その同級生は主婦です。早くに結婚して子供は3人いて、上の子は確かもう就職したような。私は独身で子供のいない芸能人。「いつまでも変わらないねぇ。若いねぇ」と言われるのは私のはずでしょう？　なのに、画面に映るその同級生は……悔しいかな学生の頃からなにも変わっていない。特別美人ではないが、なぜか男子にモテる子。田舎の学校にいたでしょう？　肌が白くて、毛量が多くて、重ための前髪の子。なぜかすげぇモテる子。

中学の時。放課後、ある男子にすごく緊張した面持ちで「ちょっといいかな」と、廊下から手招きされました。しばらく前からいつも私の方見てるなぁとは思っていて、ちょくちょく目が合ったりして、私もちょっと彼を意識し始めてて、いよいよ告白されるのか、と思いました。緊張して廊下に出たら、「○○を校舎裏に連れて来てくれん？」と頼まれました。○○と私はいつも一緒にいましたから。

その男子と○○は付き合うことになりました。「ありがとう。やっちゃんはキューピットだね」と言われました。キューピットじゃない。ただの伝書鳩だ。ただの引き立て役だ。ま、引き立て役だったと気づいたのは大人になってからですが。当時は「キューピットって。なんか縁起良さそうで可愛いし、嬉しいなぁ」と、褒め言葉として受け取っていました。

忘れ去っていた思い出が走馬灯のように蘇りました。「おばあちゃんにしか見えなかった」と〇〇が言った後の、ほんの1、2秒の脳内です。

「やっちゃん、あの番組見たけど、おばあちゃんにしか見えなかった。やばいよ」「あ……そう?」ムカッときたのを隠して返事をしました。「え? 何の番組?」別の同級生が話に加わりました。

私「今くら」

友「え? なに?」

私「『今夜くらべてみました』って番組」

友「誰が出とる?」

私「フットの後藤くんとか」

友「知らん」

面倒くさい。非常に面倒くさい。

友「ほか誰？」
私「ＳＨＥＬＬＹとか」
友「知らん。こっちで放送されとる？」
私「わからん」
友「何曜日の何時？　何チャンネル？」

面倒くさい。面倒くさい。面倒くさい。複数の人間が同時に喋るから聞きづらいし。
思い切ってフリーズのパントマイムをしてみました。

私「…………」
友「もしもし。聞こえる？」
私「………………」
友「もしもし？」
私「あ、ごめん。電波が悪くて」

友「じゃ、また掛け直す？」
私「ごめんそうして。じゃあねー。今年もよろしくお願いしまーす」
友「今年もよろしくお願いしまーす」

今年は飲み会できるといいなぁ。

# モーニングルーティン

私のマネージャーは有名人のお宅拝見とか、私服チェックとか、好きなんですって。で、エッセイも好きなんですって。なんかその人の日常が垣間見られるのがいいんですって。こうやって私は今エッセイを書いていますが、あまり人のエッセイを読んだことがありません。大好きな小説家さんのこそ、読まないようにしています。

私は小説が大好きです。嘘の話が好きなんです。エッセイも含め、ノンフィクションはあまり読みません。自分の人生で手一杯なのに、人の人生を受け入れる余裕なんてありませんもん。ノンフィクションは時に辛すぎることがあります。傷つきたくないんです。そりゃ小説も読んで傷つくことがあります。でも「これはフィクションです」という一言、約束さえあればその辛さを、本を閉じたと同時に忘れることも許されるので、私は読むことができます。ノンフィクションはその辛さを知ってしまった以上、忘れることは許されないから、なかなか手に取れないのです。真面目か？

このコロナ禍、特に一度目の緊急事態宣言の時、多くの人が読書をしたようです。しかし、私は全く本を読みませんでした。読みたいとこれっぽっちも思わなかったんです。私も改めてへえええと思いました。確かに、私は仕事が忙しい時ほど本を読んでいるかもしれません。現実逃避をするように、トリップしたくて小説の世界に没頭します。移動中、入浴中、就寝前、細かく時間を刻みながらでも読みます。売れっ子男性芸人さんが「忙しい時ほどHしたくなるねん」なんて言っていました。十人十色、Hじゃなく読書でよかった。

緊急事態宣言で家にずーっといることは、私には苦ではなかったようです。ラジオの収録はありましたがテレビの収録は全部とびました。見られることがなくなりました。視線て、デリカシーなく侵略してくるモノなんですよね。攻撃なんですよね。だから不良は喧嘩するんですもんね。カメラの圧。スタジオにあるあの大きなカメラは、人の視線100人分を凝縮した感じです。自分が今、アップにされているか、されてないか、モニターを見なきゃわからないはずなのに、ちゃんと肌でわかるんです。圧を感じるんです。「ねえねえ、何を言うの？　早く面白いこと言ってよ」無邪気な期待の壁がゆ〜っくり、ゆ〜っくり迫ってきて、あああ……。安部公房の「箱男」になりたい。テレビ収録がなくなったおかげで脇汗も手汗も丸々2ヶ月、かきませんでした。こんなこと仕事を始めて以来、初めての経験です。いや、2ヶ月丸々緊張しないなんて、小学校低学年以来かも。40年ぶりかも。副交感神経もびっくりしたでしょうね。俺、こんなに活躍していいの!?って。緊張しない毎日、私には本は必要ありませんでした。

エッセイはあまり読まないですが、「ああ、あの人も今頃、こんなことしてんのかな？」と思うことが原動力になったり勇気になったりするのは理解できます。大学受験の勉強をしてる時、真夜中に「今頃、〇〇ちゃんも勉強してんのかなぁ？　一人じゃないと思うとなんかちょっと楽になるなぁ」と思ったものでした。

有名なジョークあるじゃないですか。豪華客船が事故に遭って、乗客に海に飛び込むように指示する時、なんと言えばいいかってやつ。アメリカ人には「飛び込めば英雄になれますよ」、イギリス人には「飛び込めば紳士になれますよ」、ドイツ人には「飛び込むのがこの船の規則です」、フランス人には「飛び込まないでください」、で、日本人には「みんな飛び込んでますよ」と言えばいいと。これを初めて聞いたのは、高校生の時だったかな？　腹が立ったのを覚えています。バカにしやがって。日本人だって、ちゃんと個人個人の意見はあるわい!!　アメリカ人とイギリス人はバカにされ度が低いから、絶対に英語圏のやつが作ったジョークじゃんか！　喧嘩するために英語マスターしてやる！と思いました。外語大行ってやる！と。で、勉強しました。で、「今頃、みんな勉強してるのかなぁ？　一人じゃないなら頑張れるな」って、まんまジョークの通り!!という矛盾を孕《はら》んで勉強しておりました。矛盾、それこそが青春、若さよね。

最近、モーニングルーティンが流行っているそうですね。ルーティンを発表することが。私が言える立場ではありませんが、なんでこうもみんな私生活を見せたがるんですかね。不思議です。あたす？　あたすは銭のためですよ。

私はどうにも夜型人間で、早起きができません。いつも仕事に合わせてギリギリまで寝て、休みの日も11時くらいまで寝ています。早起きしたいのに、携帯のスヌーズボタンを何度も押してるだけで起きられません。テレビをつけます。で、「スッキリ」を映し、「加藤さんはもう働いてるんだぞ」こう口に出します。「めちゃイケ」の頃からです。「めちゃイケ」は収録時間が長いことで有名で、ひどい時は朝の5時に終わったりします。で、「スッキリ」の生放送がある加藤さんは休む間もなく、その足で日テレに入り、真っ赤な目をして生放送をこなしていました。加藤さんの方が圧倒的に私より忙しいのに、毎日朝からちゃんと働いています。だからいつも布団の中で唱えるんです。「加藤さんはもう働いてるんだぞ」と。

しかし何年も同じセリフを口にしてると、携帯のアラームの音楽と一緒で、こう、慣れてしまって、無味無臭になってくるんですよね。全く響いてこない。で、最近は「純ちゃんが散歩を始めるぞ」に変えました。純ちゃんが散歩する前までに絶対に起きる。休みの日でも絶対に起きる。今のところ、守られています。

目覚めたらまず、トイレに行きます。自慢じゃないですが、夜中、トイレに立つということはまだありません。大久保さんは夜中トイレにも立つし、3時間くらいで目が覚めるそうです。「毎朝6時にパコ美（犬）が散歩に行こう、って顔を舐めてくるから起きる癖がついたんだよねぇ」と言い訳じみたことを言ってましたが、大久保さんの場合は明らかに老化でしょう。私はまだ7、8時間、ぶっ続けに眠れます。元気です。若いです。

トイレから戻ったら、加湿器を切り、カーテンを開け、窓を開けます。妹宅に2ヶ月半ほど居候した後、留学までの当座だし、と妹宅の近くに借りたこのマンションは古いです。綺麗でないです。蛍光灯率が高くて、夜はそこらじゅうがチラッチラしてて、うすらブルーな明かりで、なんか怖いです。映画で後ろから殺人鬼や幽霊が出てくる前の明かりみたいです。夏はカナブンがよく死んでいます。セミも死んでいます。でも…、日当たりは超いいです!!

直射日光が当たっていると、真冬でもポカポカで、古いサッシの枠なんかチンチンに熱くなっています。寝る前は暖房がないと寒くてしょうがない極寒地獄だったのに、起きるとポカポカに変わっているんです。昼と夜の寒暖差が大きいです。砂漠並みです。この家こそが東京砂漠です。

布団に風を通すように大げさに畳み、顔を洗い、歯磨きをし、化粧水をつけ、コーヒーを淹れます。ちょっと水を多めにセットし、アメリカンコーヒーにします。毎朝、マグカップに3杯飲み、そのあとR-1ヨーグルトを飲みます。あ、そういえば、私は相当な水分取りです。よく、モデルさんが一日2リットルは水分取ります、なんて言ってますが、私は2リットルどころじゃなさそうです。休日、調べてみました。

だいたい、コーヒーをマグカップ3杯、お茶をマグカップ7杯、水をマグカップ2杯、プラス食事でお味噌汁やらスープやら、でした。そのマグカップ、調べてみたら1杯が240ccでした。ということはマグカップだけで……2880cc。嘘でしょう？ 飲みすぎじゃね？ いや、でも、2リットルのペットボトルが1日で2本なくなるから……やっぱ飲みすぎじゃね？

あ、モーニングルーティンでした。コーヒーが出来上がるまでの間に掃除機をかけます。コードレスのハンディタイプのやつにしてから、よく掃除機をかけるようになりました。這《は》いつくばって掃除機と同じ目線でかけるでしょう？　これが本当にいい。髪の毛1本見逃さなくなります。でも、ちょっと傷つきます。いつの頃からか、すんごく髪の毛が抜けるようになりました。抜け毛の多さよ。掃除機をかけたばかりなのに、もう髪の毛が落ちていたりしてキーーーとなることもあります。元々人の2倍生えていたので、まだ誰からも薄くなったと思われていませんが、私だけがわかるのです。毛量が半分になって、今では人の1倍じゃないか！と。怖いよぉ。禿《は》げたくないよぉ。人の1倍しか毛がないよぉ。

で、ゆっくりコーヒーを飲んで、ぼーっとして、着替えて、仕事に向かいます。仕事がない時は原稿を書きます。で、2時間くらい書いたら、朝ごはんにします。

人が何食べてるかって気になります？　こないだモデルさんがテレビでいつも食べているというサラダを紹介していました。国産の無農薬野菜と、見たことのない海外の無農薬野菜のサラダでした。確かに、無農薬は魅力的です。でも海外からわざわざ輸入した野菜って……。私、将来が不安で、30代の頃、国際薬膳師の資格を取ったんですよ。カフェを開いた時のハッタリになるかなぁ、と。中医学、いわゆる漢方、薬膳料理を勉強したんですね。もうすっかり忘れてしまいましたが、今でも一個だけ覚えています。その土地で取れた旬の物を食べる、それが体に良い、ということ。

沖縄は日差しが強いでしょう。だからそこに生えているビタミンたっぷりのゴーヤや、ビタミンたっぷりのパッションフルーツを食べればいいんです。奇跡のように体と土地は繋がっているんです。今、東京は冬ですから、関東で取れた大根や冬キャベツや、ちぢみホウレンソウを食べればいいんです。土地の物、旬の物を食べればいいんです。それが体に良いのだから。

今日の朝ごはんは、冷蔵庫にある物で味噌汁を作りましょう。椎茸（長野）と玉ねぎ（北海道）と豆腐（工場）があったから、それでちゃちゃっと味噌汁を作って、で、結婚祝いのお返しのカタログから選んだ北海道産の明太子と、あ、昨日特売で買った美味そうな韓国キムチと、あ、あとちくわがあったから……おいおいおい、全然、全く、土地の物でも旬の物でもないじゃないか!!　しかも北海道産の明太子って、もう、なんのこっちゃ。

実際、こんなもんですわ。

# 生理

そろそろ閉経の時期です。

なんかラストオーダーを取りに来た店員のセリフみたい。私も今年50、避けては通れないです。日本人の閉経の平均年齢は50だそうです。閉経を中心とした前後5年の約10年が更年期だそうです。更年期症状ってのが、ホットフラッシュ、イライラ、抑うつ、めまい、耳鳴り、頭痛、物忘れ、冷え、皮膚のかゆみ、頻尿、動悸、胸部圧迫、腹痛、腹部膨満感、などなど、まだ書ききれない様々な症状のことで、それが仕事や家事など日常生活に支障をきたすと感じると、更年期障害と呼ばれ、医療、治療の対象になるそうです。ふーっ。

同級生にはまだ閉経した人がいません。というか、言いにくくて、黙ってるのかなぁ。

自分からねえねえ聞いてって話ではないか。いるよね。だって、平均年齢が50なんだもん。やっぱ、口にしにくいものなのか。

最近、生理についてちょこちょこ語られるようになりましたよね。テレビで番組が組まれたりして、隠すことではない、と。でも、私たち昭和の時代は、生理は恥ずかしいもので、絶対に人には、特に異性にはバレてはいけないものって教育でした。うちの母親こそそうでしたから、唯一頼れるはずの母親に頼れず、困った経験が多々ありました。だから少女靖子みたいな可哀想な子がいなくなるように、もっと話しやすい環境になればいいな、と思っています。思っているのですが、三つ子の魂百までなのか、仕事場で急になった時、現場についてた若い女マネージャーに「生理用品貸して」と言うのが、その程度のことが、本当に恥ずかしくて嫌でした。なんでだ？　歳が20個以上上下だからか？　娘のような年齢だからか？　こういう時、同世代か年上だとまだ気持ち的に楽なんだよな。看護師さんもそうじゃありません？　正直に言いますと、若くて美人で、まつげエクステをちゃんとしてるような人に尻を見せるのが嫌なんだなぁ。化粧気のないザ・おっかさん的な雰囲気の人に尻を見せる方がいいんだよなぁ。こんなこと言ってたら将来、施設でお世話になる時どうするのよ。私の独身の女友達は、将来施設でお世話になる時に備えて、アンダーヘアを脱毛しました。毛がないと下《しも》の世話が楽なんですってね。「あんたもやりなよ」と勧められましたが、だって、エステティシャンてだいたい若くて美人でまつげエクステちゃんとしてて、だからそういうお姉さんに尻を見せたくないんだよ。

最近、吸水ショーツなるものが販売されるようになりました。ナプキンやタンポンを使用しなくても、ショーツそのものが血液を吸収してくれるんだと。表面もサラリとしてて、不快感はなく、一日そのショーツを穿《は》いているだけで良いのだと。夢のようなショーツじゃないですか！　欲しい！　欲しい！　欲しい！

と思いつつ、なんかネットで買えなかったんですよね。で、そのままになっていました。

先日、女同士で会話してる時、その中の一人が吸水ショーツ使用者でした。感想を聞くと「めっちゃいいです。もっと早く出会いたかったです」そう言いました。「マジで？　買おう。早く買わないとあがっちゃうからな」なにも考えずに口から出ました。別に笑わすつもりで言ったわけではないんですが、なんかスベった感じの空気がふわっと流れました。え？　なんかまずいこと言った？

それをフォローするように、私より年上の女性が「私も買おうかな。あがってるけど」と被せてくれました。「あは　あははは」ちょっと不自然な笑い声が、みんなの口から出ました。


みんな優しい。この短い会話の中に、行間に、どんだけ心遣いの粒子がビュンビュン飛んでることか。みんな優しい。だからこそ、たどたどしくなっちゃったんだよね。なんか、ホロッときそうでした。これこそ更年期症状か？

閉経は、扱い方がまだわからないんですよね。もうすぐの私だって年上の女性にどこまで踏み込んで良いのかわからないし。これから閉経についても話しやすくしていかないとね、次世代のために。

# タバコ

1年ちょっとで7キロ太りました。コロナ太りでなく禁煙太りです。

第1期。私は20歳から35、36歳くらいまで喫煙しておりました。

おかしな話なんですが、私はタバコの臭いが苦手でした。側でバコバコ吸われたりすると気分が悪くなってしまって、ひどい時は吐いていました。で、そのことを友人に相談すると「あ。だったら、自分も吸った方が楽になるよ。私もそうだったもん」とプカーと煙を吐かれまして。で、私も頑張って無理して吸ってるうちに、テレビ業界という喫煙者の多い環境に身を置くうちに、気づけばヘビースモーカーになっていました。

こういう打たれ弱い性格じゃないですか。何か嫌なことがあるたびに「私はタバコを吸ってるんだぞ。体に悪いと知りながら吸ってんだぞ。体を犠牲にして、めちゃめちゃ精神を甘やかしてんだぞ。だから、己の精神よ。嫌なことはチャラにしろよ。これで我慢しろよ」と、まあなんとも変な理論で吸っておりました。モデルさんがヨガをしながら「体の声に耳を傾けます。心と会話します」とか言ってますでしょう？あれと同じだと思ってください。

私がタバコを吸ってると知ると、多くの人が「なんかムカつく」と言いました。出た!! バイト時代、社員に最も言われたセリフ「なんかムカつく」。

私は「ここでタバコを吸わないでください!!」って怒る学級委員キャラなんですって。なのにそいつが吸ってるって、似合ってなくて、なんかムカつくんですって。おかしくない？ そもそも私を喩《たと》えてるその学級委員ってのが、ルールにうるさくて融通が利かない人の代名詞として使ってません？ じゃ、吸おうが吸うまいが、元々私になんかムカついてるんじゃん！

体に悪い。肌に悪い。やめたい、やめたい、と思い続け、やっとやめることができました。それが35、36歳です。

そして、43歳くらい。仕事で嫌なことがありました。私はお酒に弱いので、記憶をなくす前にひどい頭痛を起こすか吐いてしまいます。だからお酒で気を紛らわすこともできず、イライラしておりました。しかし、家でじっとしているとなんだか足がムズムズしてきて、なぜだか異常にシコを踏みたくなりまして、でも夜中にシコ踏んだら下の階からクレームがきますので、とりあえず外に出て、ドシンドシン歩きました。

1時間ほどドシンドシン歩いていたら、ある神社に着きました。大きく立派な神社で、夜なのにいい感じのライティングがされてて、ベンチもありました。随分前にドラマでご一緒した俳優さんが、この神社の近くに住んでると言ってたことを思い出しました。何かあるたびにこの神社にお参りに来るんだと。私はちょい役で、数時間で終わるロケでした。「出来上がった現場って入りづらいでしょう?」と、初めましての私とずっとおしゃべりしてくださって、その俳優さんのまとってる空気がゆるやかで、どうしたらこんな心境になれるんだろう、と思ったのを思い出しました。

今日あったことは氷山の一角で、その時期、いろんなことがうまく消化できないでいました。ザ・アラフォーの悩み。どんどん若手が出てきて「あれ？ その役、今まで私がやってたよね？」とか「あれ？ その立ち位置、私が編み出したやつだよね？」ってものまであって。なになに、私はところてんですか？ 押し出してベチャッですか？ という気分になりまして。ま、年齢が上がれば、そりゃ仕事内容も変わっていきます。若いから許されるもの、逆に若くないから説得力が出るもの。でも私は、新しいものを開拓することより、失ってゆくことばかりフォーカスしていました。人間って「100円得しますよ」より「100円損しますよ」に敏感なんですって。どうです、さもしいでしょう？

それに加え、出産問題。私は、是が非でも自分の子供が欲しいと思ったことはありませんでした。いつか「この人の子供が欲しい」と思うことはあるかなぁ、と漠然と思っていました。しかし、結婚相手もいなければ、彼氏もいません。でも、歳は取ってゆきます。40を超えると、妊娠も難しくなってゆきます。「まだ？」「もうすぐだよ？」

そんなこと誰も私に言ってません。正直、今、子供は欲しくありません。でも、焦《あせ》らされるんです。どうしよう。いつか子供が欲しくなるかも。いつか、後悔するかも。

あれもこれも欲しい。過去のものも手離したくない。今欲しくないけど、いつか欲しくなるかもしれないから欲しい。戦後の経済成長期みたいに、欲しいが全部、発奮材料になるわけじゃなく、私は欲しいと思うほどに動けなくなり、自滅に向かっているようでした。

私は神様にお願いしました。「いい具合に、諦《あきら》めさせてください」と。

自分で神様にお願いして、自分でびっくりしました。法律みたいに理路整然と全てに辻褄が合うわけではないけど、感覚でわかる。諦めることが最初だ。ただ全部ってわけじゃない。半径50センチ、本当に必要なものだけ求めよう。急に先が、明るく見えてきました。見えます。牛歩よりも遅い、ナメクジがゆっくり坂を上がってる姿が。

なんだか、全てがうまくいくような気がしてきました。ここで、あの俳優さんに会える気すらしてきました。いや、会える。私の直感はたまに、恐ろしいほど当たります。見えます。白くて大きいマンションに住んでる彼が。バブルの時に建てられたから今は古いけど、いい材料をふんだんに使っていて造りが頑丈で、贅沢な間取りで。共同の中庭があって、そこには南国の木が植えてあって……。とりあえず、コンビニに行って発泡酒を買って、ベンチでちびちびやることにしました。

小一時間経ちました。……そりゃ来るわきゃない。こんな夜中にお参りに来るわきゃないです。身内の誰かが明日出兵するならまだしも。昨今、出兵しないからね。来るわきゃないです。境内には他にもベンチがあって、さっきから私のようにビールを飲んでいる男性がいました。この人も長いこと居るなぁ。なんだ、リストラでもされたのか、しっかりしろよ。あ。もしや……。ちょっと神様ぁ。そういうことぉ？　え、そっちのパターン？　ええ？　これが噂の、ご縁？　夏の夜の夢です。酔ったふりして「月が綺麗ですね」なんて話しかけてみようかな、と思った時、その男性はスッと立って帰ってゆきました。
ふん。何か殺気のようなものが出てしまったかな。

私はコンビニの袋からタバコを取り出しました。実は、買ってたんです。数年ぶりに一口だけ。

「くっさ!! あ〜目が回る。気持ち悪りぃ〜。体に悪いもん入れたんだぞ。体を犠牲にしてまで精神を甘やかしたぞ。己の精神よ。もう二度と不平不満、口にすんなよ」

はてさて、たった一口で済むわけがなく、翌日1本。その翌日も1本。でもまだ片足未満です。引き返せます。

久々に復活してみてびっくりしました。喫煙者の肩身の狭さ。そりゃそうだ。今までがおかしかったんですから。臭いし、副流煙は体に悪いし、「吸っていいですか?」と面と向かって聞かれれば「あ、どうぞ」としか答えようがないアンフェアな問答。そりゃ嫌煙家たちが立ち上がりますよ。テレビ局の楽屋も禁煙になりました。というか、禁煙してたので、禁煙に変わったことに気づいていませんでした。喫煙所以外は禁止。その喫煙所の数がぐんと少なくなりました。1フロアに1つあるかないか。どうやら、オリンピックの頃には吸えるところはほぼなくなるんじゃないか、という話です。

ただ厄介なことに、この喫煙者の肩身の狭さが結束を生むんです。

カメラさん、音声さん、照明さん、技術スタッフは喫煙者が多いです。あるロケで言われました。「タレントさんがタバコ吸わない人だと、タバコ休憩とりにくくて。今、吸えないんですよ」と。「光浦さん、吸ってくれてありがとうございます」と皆さんに頭を下げられました。そんなこと言われたら、私でよかったらバコバコ吸いますよ、って。いやいや、私は吸いたくないんですよ。臭くて、体に悪くて、高くて、いいとこ無しのタバコなんて。

2007年から毎週木曜日、「大竹まこと ゴールデンラジオ！」のアシスタントをやらせてもらっています。大竹さんは愛煙家です。タバコを美味しそうに呑みます。そう、「吸う」じゃないんです。「呑む」が似合うんです。

大竹さんとは禁煙中に出会っています。私がタバコに手を出してしまった話をしたら、それはそれは喜びました。本番前、本番後「行こうぜ」と誘ってきます。おじさんがいたずらっぽくニヤッと笑うんですよ。断れるわきゃありません。

文化放送の喫煙所は狭く、二人がけのベンチが1つ置いてあります。そこに二人で腰掛けて、ただでさえ話が合うのに、その狭さが秘密の話をしやすくして、親友度はすっかり上がってしまいました。大竹さんに向かって親友って。あの「全ての東京のお笑いライブはシティボーイズに繋がる」と言われた、シティボーイズの大竹さんです。幕間にVTRを流す、かっこいい音楽をかける、コントとコントが実は繋がっていたという手法。今や、当たり前となっていますが、シティボーイズさんが全て最初です。オシャレ、センス、「Tokyo」、憧れの人です。でも本当に、年齢も性別も違うのに、コーヒー1杯あればずーっとお喋りしてられるんですもん。

大竹さんは弱い人間に、ダメな人間に優しいです。絶対に見捨てません。私はそこにつけ込んでいます。もしも大竹さんが私を見放したら、大竹さんは大竹さんでなくなります。私とお喋りしてくれない大竹さんは、すでに大竹さんでなくなっているので、私もお喋りする必要はないのです。なんのこっちゃ？　こういう誰も聞いてくれないけど、私の頭の中はいつも大忙しなんです、てな話を面白がってくれる稀有《けう》な方です。父親よりも母親よりも話をした大人です。大竹さんの歳は、私の母親の３つ下です。

水曜日まで禁煙しても、木曜日には吸ってしまいます。徐々に立派なスモーカーに戻ってゆきました。これをタバコミュニケーションと呼ぶようです。

電子タバコは従来のタバコと違い、タールが入っていません。だから、壁紙が黄色くなることはありません。煙も出ません。何より臭いが残りません。そいつは便利だ、と、芸能界はすぐに電子タバコに変わりました。私もそうです。

でも、タバコを吸わない人からすると、電子タバコも十分臭く、臭いがずっと残ってると感じる人もいます。ある人は「理科室にあった水槽の臭いだ！　くせぇ!!」と言っていました。

49歳、留学が取りやめになり、2ヶ月半居候することになった妹の家は禁煙でした。私の暮らす物置部屋で窓を開けてこっそり吸って、しばらく経っても、パンツを取りに来た甥っ子に「くせっ！　なんかくせぇ」と、姪っ子に「臭い。靖子の部屋、変な臭いがする」と言われます。「また吸ったでしょう」「タバコって毒なんだよ」「毒吸ってる」「靖子は死にたいのかー」うるさいなぁ。

「いや、だって、独りで長生きする方が怖くない？」

シーンとなります。

かといって家の外で吸うのもねぇ……。住宅街なので、お隣さんとの交流がちゃんとあるんですね。最近、おばさんが住み着いたぞ、とご近所さんらは気づいてるんですね。それが外でタバコ吸ってるって。ヤバいでしょう？　静かな午後、部屋で窓開けて吸ってる時、どっかからピシャリと窓を閉める音が聞こえたりすると、「え？　私のせい？」とビクッとなります。

私、タバコ、やめますわ。

タバコをやめた代わりにお菓子を食べることにしました。タバコ吸いたいなぁとちょっとでも思ったら、タバコに気持ちが持っていかれる前に、お菓子をぎゅうぎゅう詰め込んで、口も頭もお菓子でいっぱいにするのです。タバコって食後に吸いたくなるんですよね。毎食後、スナック菓子を食べることにしました。食後にお菓子を食べないと、もう、ご飯を食べた気になりません。リビングにいて、甥っ子、姪っ子の言動にイラッとしたら、階段をずだだだだだと駆け下り、物置部屋でスナック菓子を頬張りました。ただ美味しくて、スナック菓子を楽しむようにもなりました。妹、甥っ子、姪っ子は食が細く、お菓子を食べません。旦那は太りやすい体質でいつもダイエットしています。リビングで一人でお菓子は食べづらいので、物置部屋でこっそり食べています。

パンツを取りに来た甥っ子がドアを開けた瞬間に言います。「くせっ！　お菓子の匂いがする」ドアを開けて姪っ子も言います。「くさい。靖子、またなんか食べてたでしょ？」なんか、すげぇ恥ずかしいです。悪さを見つかった犬の気持ちです。妹も言います。「お姉ちゃんの部屋は、いつもチーズかお煎餅の匂いがする。ちゃんとゴミ捨ててるよね?」捨ててますけどぉ。おたくよりキレイ好きですけどぉ。

毎月1キロずつ増えて、トータル7キロ増えました。しかし太ったおかげで顔が丸くなって張りが出て、若くなった、なんて言われて、評判はすこぶる良かったです。緊急事態宣言以来、久々に会ったディレクターに「太った?」と言われました。その人とは付き合いが長いので聞いてみました。「それはいい意味で? 悪い意味で?」「悪い意味に決まってんでしょ」と返されました。ええ? 即答。即答すぎるぅ。隣にいた付き合いの短い共演者に聞いてみました。「私、太った方がいい? 太ると良くない?」「うーん……僕は、以前の痩せてた光浦さんの、ピリッとした緊張感あるスタイルが好きでしたね」上手に言葉を紡ぐ人ですよ。この人、占い師です。さすがです。

それよりコロナいつ治まるか当ててよ。

# 髪

いつ留学に行けるのかわからない、無期限の時間つぶしのような毎日。仕事頑張れよ？　もし頑張ってレギュラー番組の依頼なんか来たらどうするのさ。留学行きづらくなるじゃない。え？　50代から売れっ子になる？　坂上忍さんやヒロミさんみたいに？　あの人らは一世風靡してから一回テレビ離れて、で再ブームだからね。ほら、一回鳴りを潜めるのがいいんじゃない。だから今はあんまり働かなくていいんだよ。うっせーな。

一人反抗期です。なんか腹たつ。絶対できないくせにドロップアウト願望。

そうだ！　髪染めよう！　だって反抗期なんだもん！

49歳にして初めて髪に色を入れてみました。内側の下半分だけ緑色に染めました。インナーカラーってやつです。厳密には青色なんですけど、青色は5日も持たず、緑色に変わります。で、その緑色は2週間かけて藁《わら》みたいな色へ変わってゆきます。これが、なかなか評判がよかったです。大抵のメイクさんは「オシャレ」と言ってくれました。ま、おだてるのも仕事っちゃあ仕事かあ。

髪を染めて初めてのテレビ番組のオンエア。どう映るのか心配して見ましたが、なかなか良かったです。全部染めずに内側だけ、それも洋服を選ばない寒色にするところがオシャレ上級者よねぇ。

その番組のオンエアが終わったと同時に、森三中の黒沢からLINEが届きました。「ご本人は気づいておられないと思いまして、見えにくいところなので仕方ないと思うんですが、照明の具合によって、とても白髪が目立ってましてた。ほんと、照明の具合なんですが。ご本人は気づいてないのかな、と思いまして。それだと老けて見えてしまうので、大変、損をしてしまうと思いまして……すいません」というものが。気を使ってます感と、良かれと思って感満載の勘違いＬＩＮＥが。私がオシャレでしているインナーカラーを、白髪だと思ったようです。もみあげが真っ白になってるのを気づかずに、北大路欣也さんスタイルでテレビに出ちゃってると思ったようです。え？なんで私が銀行頭取スタイルでテレビ出んだよ。そこの流行りには乗っからないよ。傷つきました。白髪って……。私がうっかりして白髪ぼうぼうでテレビに出る人間だと思いますか？　つーか、緑と白の色の違いがわからない黒沢のほうが、やばいんじゃないですか？

なんか返してやりたかったですが、何も思いつかず、何も返せませんでした。ゼロ返しだ。

ああ、もしかしたら世間もこの髪、白髪だと思ってんのかしら？　思ってる。絶対思ってる。で、書きまくってるはず。白髪だ、老けただ、劣化だ。なんでいつも私を傷つけるのよ！　腹たつ。逆に見てやりました。ＳＮＳ。パンドラの箱を開けてやりました。

……書いてないじゃん!!　なんなら褒められてるじゃん!!　っだよ黒沢。

褒め言葉だけを凝視して心を落ち着けました。

中にこんな感じのもありました。

「50手前の人が髪を緑に染めたりして楽しんでて。勇気をもらいました。私もインナーカラーしよう」

ふーん。歳をとると、知らんところで人を勇気づけられるようです。ふーん……。

なんか棚ぼたですが……歳をとるのも悪くないようです。

# 歯列矯正

私は父親譲りのおちょぼ口なのと、生来の笑わない性格のおかげで、世間様にあまり気づかれませんでしたが、歯並びが悪く、どの歯医者さんにも「矯正した方がいいなぁ」と言われていました。歯の大きさの割に顎が小さく、入りきらずにガチャガチャっとなってるタイプです。でも歯列矯正は時間とお金がかかるし、痛いらしいし、食べ物が引っかかるらしいし、金属ゴリゴリの見た目がね。治したいけど、躊躇し続けていました。

2年くらい前からでしょうか。「世界の果てまでイッテQ！」に出ている女芸人を中心に歯列矯正が流行りだしました。テレビの本番中と食事中以外は一日中、透明のマウスピースを口に入れておく、というやつです。従来の針金に比べれば時間はかか

ります が、楽です。

女芸人らとご飯に行った時。「失礼します」と、口の中に手を突っ込んで、険しい顔をして、ぐっと力を入れてマウスピースをはずす人が、そこここに。あちらでパカッ。こちらでパコッ。食事の前に、目の前であれを見るのは、正直、気持ちのいいものではないです。一回アルコールをはさまないと、すぐに白飯はいけないです。

周りが歯列矯正を始めると、歯列矯正に対してハードルが急に下がるんですよね。どうしようかなぁ……。

英会話の先生が言ってました。「アメリカでは歯並びは日本より重要ですね。ま、美的な問題が一番ですが、ちゃんとした家庭で育ったという証明になり、てことはちゃんとした教育を受けたという証明にもなるんですよ」と。ふーん。

今はコロナでいつもマスクしてるからね。外食も行けないからね。来年まで留学は無理でしょう。「今こそ歯列矯正しなさい」って神様が言ってるじゃないか!!

「私、歯並び綺麗にします」(私、お嫁にゆきます、の言い方で)

モテたい。カナダでモテたいんだ。一回、人生で一回、恋愛をしてみたいんだ。泣いたりわめいたり、喧嘩して、憎むくらい人を好きになってみたいんだ。私の職業が恋愛を遠ざけていたのか、私の性格が原因なのか、異性とちゃんと付き合ったことがないんです。喧嘩したことも一度もないんです。喧嘩する前に逃げちゃってたから。面倒を引き受けるくらいなら一人がいいやって、その時は思っていたんです。そしたら、人との、男性との距離感がわからなくなって、あれ？　あれれ？　人ってなんで人と一緒にいるの？　みんなすごいねぇ、よく同じ人と一緒に居られるねぇ、なんて感覚になりました。死ぬぞ。このままだと、人を好きになる前に死ぬぞ。

遅くない。海外は年齢気にしないからね。私のこと知らないから先入観ないからね。大学デビューならぬ、カナダデビューをしようと思います。大きな口を開けてケラケラ笑う自信に溢れた女に生まれ変わるのです。憧れてたけどなれなかった、なることを許されなかったキャラクターになるのです。

人は人をカテゴライズしたがります。分類して引き出しに押し込めて、そこからはみ出ることを嫌います。「いやいや。そういうキャラじゃないでしょ」と、とても引いた顔で言えば、人を動けなくさせることができます。言われた方は、なりたい自分からどんどん遠ざかって、他人のなってほしい自分に収まることしかできなくなります。意地悪。自分が怖いからって、人を型にはめ込むなんて。若人よ。そんな奴らにウンコをぶつけましょう。

いつ海外へ行けるようになるかわからない。歯医者さんと相談して、調べて、1年弱でできる、という判断で、針金の矯正を始めました。笑うと金属ゴリゴリ、人造人間みたいでかっこいいです。私は途轍《とてつ》もない強靭《きょうじん》な歯茎の持ち主だったのか、噂と違って痛くありません。針金を締め直した日は、普通痛くて何も噛めず、人によっては2日3日おかゆを食べるしかなくなると言われているのですが、全く平気です。針金を締め直したその日も煎餅をバリバリ噛んで食べています。

私の場合、まず上の歯をぜーんぶ出っ歯にします。出っ歯にするからゆとりができて、肩をぶつけるようにして並んでた満員電車状態の歯も一列にまっすぐ並べるようになります。完全に出っ歯になって、歯が嚙み合わないから息漏れまくりで「さしすせそ」が言えないよ、となったところで、下の歯も矯正を始めます。で、これらも出っ歯にするんです。で、一列にします。上下出っ歯になって綺麗に一列に並べるようになったら、徐々に引っ込めてゆき真っ直ぐにします。

現在、上の歯が出っ歯になって、下の歯に矯正器具をつけたところです。上下に器具をつけたら、歯に物が挟まる度合いが一気に変わりました。ひっかかる、ひっかかる。こりゃ外食は無理ですね。葉物野菜、えのきはヤバイですね。しだれ柳のように器具にぶら下がります。

心配ごとが一つあります。上の歯の出っ歯化が止まりません。今、上の歯と下の歯の間が8ミリくらい離れてるんです。歯医者さんは「大丈夫。計算通りだ」と言うんですが、正直、信用できません。だって毎日、前に出てゆくんですもん。「さしすせそ」は「スヮぁ　スぃ　(息)　スフェ　スォ」になりました。口を閉じると、上が出過ぎてて、下唇をギュッと噛んでるように見えます。普通の顔をしているのに、生娘が何かを堪えている時の顔になります。「い」の口の形をしたまま、うどんがすすれます。

しかし矯正を始めたら、ファンレターがきました。ラジオ番組にもメッセージが送られてきました。どちらもこのような内容でした。
「この歳になって、と悩んでいましたが、光浦さんが矯正してると知り、勇気をもらいました。私もやります」と。ふーん。また、知らんところで勇気をあげていたみたいです。ふーん。歳をとるのも悪くないですね。

テレビ出演の時は、スタイリストさんが衣装を用意してくれます。2、3パターンある衣装から一つを選び、着て、メイクをし、バランスを見ながら最後にピアスを決めます。こだわり屋のスタイリストさんと「これかな？　これかな？」と耳に当てながら決めるのですが、鏡を見て気づきました。緑の髪、メガネ、歯列矯正、そしてピアス。「首から上の情報、多くね？」

# 不定愁訴《しゅうそ》

禁煙したから太ったとばかり思っていましたが、どうやらそうでもないらしいです。2020年に入ってから、体調、体質が色々変わりました。おかしいなぁと思いつつ、でもま、コロナのせいで未経験の生活を強いられてるわけだし、と禁煙とコロナのせいにしてました。が、そうでもないらしいです。

先日、地元の同級生との電話で。「私、3キロ太ってさ」同級生が言いました。彼女は痩せていて眼光鋭く、嫁入り前だというのに（独身）、たまに俳優の遠藤憲一さんが凄んだ時のような顔をするので、多少太った方が良いと思っていたので、私は素直によかったじゃん、と答えました。「よかったじゃん。若く見られるようになったでしょ？　私なんか7キロ太ったよ」「7キロ!!」そりゃ驚くに決まってます。良いことも悪いことも、相手の上をいこうとするのをマウンティングと呼ぶそうです。それを知ってから、不幸自慢をすることが恥ずかしくなり、なかなか「私なんて」と切り出せなくなっていましたが、このキログラムはマウンティングしても良いでしょう。「禁煙したからさぁ」どっか自慢げに話をしてると、彼女が言いました。「それ、更年期だよ」と。へ？　なぬ？　更年期？

彼女によると、ずーっと痩せてた同級生の〇〇も、××も、みーんな太った、と。正直、おばさん化してる、と。若い頃のように全体が丸くなるのではなく、背中と、下半身だけが太くなった、と。

「更年期だよ。代謝が悪くなる歳だよ。やっちゃん、禁煙のせいじゃないよ」と、彼女は言いました。

ひゃー。確かに、おかしいと思ってたんです。私だってこのままではヤバイと思い、もうスナック菓子は食べていないんです。おやつ抜いてるんです。いつもなら2、3キロすぐに痩せられたのに、一向に痩せないんです。どちらかといえば下痢ばかりしていたこの私が便秘になりました。2020年から急にです。妹の家に居候した頃から便秘になったので、きっと妹の家の食事のせいだと思っていました。甥っ子、姪っ子が、キノコ類があまり好きじゃないんですね。でも、私はキノコ類大好きなんですね。毎食、必ず、キノコを入れていました。2種、3種、当たり前。それが妹宅でキノコの摂取量がぐんと減ったから、きっとそのせいだと思っていましたが……すでに8ヶ月、一人暮らしに戻り、キノコ食べ放題の状態なのに、ずーっと便秘が続いてます。おかしい。

2020年からです。ちょいちょい頭痛がするようになりました。たまにめまいもします。でも、我慢できるちゃあできるので、人に言うほどのことでもない、と。一度、左手の親指が腱鞘炎《けんしょうえん》?になりました。ほっといたら治ってしまいました。鼻の穴がカリカリに乾くドライノーズになりました。ネットに「ドライノーズにはオリーブオイル(食用)を塗ると良い」と書いてあったので、綿棒の先にオリーブオイルを垂らし、夜な夜な鼻の穴の中に塗っています。治りません。そして味覚が変わりました。嫌いだった甘いものが好きになりました。リアルまんじゅう怖いだったのに、まんじゅうペロリになりました。これは、すべて、更年期症状だったのか！　あの、不具合のデパート、更年期症状だったのか！　なんか合点がいった。

このまま私は私じゃない私へ変化してゆくのでしょうか。うまく折り合いがつけられるといいのですが。

あ、一ついいことがありました。食品ロスが減りました。今までは、お腹が弱すぎて、賞味期限切れは2日まででしたが、今では、臭いを嗅いで大丈夫ならなんでも食べております。

私が10代か20代の頃、中部地区のみんなの姉さんことタレントの兵藤ゆきさんが、古いちくわを食べて食中毒になったというニュースがありました。その「ちくわ」という具体的な単語が印象的で、それ以来「古いちくわには気をつけろ」が私の中の教訓になりました。元々ちくわが大好きで、大好きだからこそ、いつも最後の1本忘れちゃうんですよね。勢いに任せたら、一度に5本は食べられます。でもそれじゃダメだから、いつも我慢して1日1本、多くても2本、食べているんです。目に付くところに置いておくと食べちゃうからって、冷蔵庫の見えにくいところに置いて。で、ついつい最後の1本を忘れちゃうんです。大切にとっておいて忘れる。リスみたいで可愛くないですか？　リスは冬に備えて集めたドングリを埋めて隠すんですが、埋めた場所を忘れちゃうんですってね。可愛いー。だから、貯金をいっぱいしたまま死んでしまったばあさんを「墓場にまで金は持っていけないのにね」とか「がめつい」とか親族は言わないで「リスみたいで可愛い」と言ってあげればいいのに、と思います。多分、私もがめついばあさんになりそうなので、私が今のうちからいろんな葬式に行って「リスみたいで可愛いー」と言いまくって、一つの文化を築き上げてやろうと思っています。なんの活動？

で、先日、賞味期限から5日経ったちくわを食べました。5日ですよ。具沢山味噌汁の具の一つにしました。全然、平気です。出汁が出て美味しかったです。私の胃が私の胃でないくらい頑丈になりました。あ、良い子はマネしないでくださいね。私は日々、賞味期限切れ食品を食べるという特殊な訓練を受けていますから。

私は風邪をひきやすく、季節の変わり目を中心に、年4回は風邪をひいていました。扁桃腺が人より大きく、熱も出やすいです。だからとても気を使っていました。公共の乗り物では、変装も兼ねて常にマスクをしていました。帰宅したら石鹸で手洗い、公共のトイレを使った後は毎回石鹸で手洗い、楽屋で弁当を食べる時も、外食する時も、必ず石鹸で手を洗っていました。それでも風邪をひいていたのに、この1年、一度も風邪をひいていないのです。この話をしたら「全く同じ！」と言う年代も性別も違う人がいました。その人と話し合った結果こうなりました。「今まで世の中に汚ねぇ奴らが多かったんじゃね？」

# 花

去年の年末、コロナがまた勢いを増したせいで実家に帰ることを諦めました。仕事もない。飲みにも行けない。友達とも遊べない。今のマンションから徒歩5分の妹宅から「やっちゃん、一緒に紅白見ようよ」なんて姪っ子から誘いがあれば、出かけて行ってもいいけどぉ、と自分からは連絡を取らずにいたら、一向に連絡が入らず、もう大晦日の夕方だよ、となりました。カラスがバカみたいにカーカーカーカー鳴いていました。ぼちぼち、夕飯の準備をしなければ。でも、何かご馳走的な物を作ると、なんかこう寂しさを増長させそうで、クリスマスの時にもやったお得意の「あ、うちには5年くらい前から大晦日も正月も来なくなったんですよ」ザ・無視作戦でいくことにしました。大晦日だというのに、根菜とキノコの味噌汁と、ブロッコリーをチンしてマヨネーズをかけたものと、豚肉と豆もやしを炒めたもの、そんなもんで十分でしょう。駅前のスーパーに買い物に行きました。

入り口の、いつも仏花と、スプレーカーネーションにかすみ草というダサい取り合わせの花束を売ってるコーナーに、正月っぽい花がありました。細い松1本、花キャベツ1本、白い菊1本、金色にスプレーされた枝1本がセットになっていて630円でした。買いました。

この街は住宅街です。戸建の住宅はいっぱいあるけど、店が全然ありません。商店街もなく、駅前にスーパーがあるだけです。花屋もありません。寂しいです。

私はちょいちょい花を買うんですね。特に、落ち込んだ時に花を買うようにしています。花を見て元気になるんじゃなくて、買うことが大事なんです。だって、花が買えるということは、金銭的にも気持ち的にも体力的にも時間的にも余裕がある、という証明ですからね。自分はまだまだ余裕がある、大丈夫じゃねーか、追い詰められてない、ということを再確認するために花を買うんです。花が買えれば、もう、それがゴールです。

花屋の匂いっていいですよね。結構地味で、香水や柔軟剤の花の匂いとは全然違うんですよね。青々した野菜と水の匂いがするんですよね。花は完璧ですよね。花はぜーんぶ好き。南国の食虫植物と、ラフレシアとか蘭とかみたいな点々の柄のあるやつ以外はぜーんぶ好き。ああ、そういえば私は子供の頃花屋になりたかったんでした。「花屋さんになりたい」私が言うと母親が言いました。「花屋は、いつも水を使って、手があかぎれになったり、しもやけになったりするから、やっちゃんには無理だ」と。

変わった親だったと今、思います。子供の夢なんか、なんでも「いいねぇ」「すごいねぇ」でいいのに。それに科学的にも証明されてるでしょう。肯定した方が、褒めておだてた方が、脳はよく働くって。希望もよく却下されました。私は男と拳《こぶし》で対等になりたい、強くなりたかったので、スポーツ少年団では空手を習いたかったのですが「空手は裸足だから。冬はしもやけになっちゃうから、やっちゃんは無理だ」と、軟式テニス部に入れられました。どんだけしもやけの心配してんだよ。ま、確かに、子供の頃は痩せっぽっちで、血行も悪く、冬はしもやけになりましたけど、あのド田舎の、真冬でも半袖ではしゃげる、何かあれば裸足で走るような頑丈な子供らの中に入れば体が弱いとされますが、全国的に見れば普通です。
母親は型にはめる人でした。4歳下の妹は、明るく、運動神経がよく、原色が似合う子。私は、おとなしく、地味で、淡い色が似合う子。藤色のカーディガンや、山吹色のカーディガンを着せられていました。そして、要領は良くないけどコツコツ頑張る子で、大人になったら役場か農協に勤めて、お見合い結婚をする、と。人生も性格も全部決められていました。こんな話をテレビでちょこっとしたら、毒親だ!!と意見が来ました。毒親ではないと思うんです。一見普通の、ちょっと変わった人だと思います。

母親は「やっちゃんを花に例えると、小さいマーガレットだね」といつも言いました。小さいマーガレットって、庭によく植えてある、真ん中が黄色くて花びらが白くて、まさにマーガレットの縮小版のような、ノースポールという花です。実際、うちの庭とも呼べない庭に植えてありました。ほっとけばどんどん増えるやつです。

母方の親戚が農家で、電照菊を作っていました。あの、立派な葬式で使う、一花一花和紙で包んだ高級な菊です。菊ってすごく綺麗なんですよ。深緑の茎がまっすぐピーンと立って、一番上に、溢れるように花が咲くんです。匂いもいい。でも、どうにもこうにも葬式のイメージが強くて。菊の温室に入って、あったかい湿ったむわーんとした空気と、むせかえるような菊の香りを吸うと、異世界に連れて行かれそうでなんか非常に怖くなったものでした。

ノースポールもキク科なんですよね。子供の頃って、女の子はとにかくピンクが好きじゃないですか。白くて小さな菊みたいな花は私には地味に見えて、でも母親は褒め言葉のトーンで話してるから、ま、嬉しいか、そんな風に思っていました。大人になった今、人様の家の前を歩く時、ノースポールを見つけると「頑張れ」と心の中でエールを送っています。

2月になりました。あの時買ったお正月セットが、まだまだ生き生きしております。菊なんかまだ7分咲きの状態で、本当に美しいです。葉っぱだって、1枚もしんなりしておりません。弘道お兄さんの背筋くらいピーンですよ。なんとコスパの良い花なんでしょう。だからか。だから、お葬式やお墓に飾る花になったのか。ほっといてもずーっと美しいから。

お母様。安心してください。靖子はノースポールのように、まだ真っ白いまま、ずーっと地味に咲き続けておりますよ。あ、だから安心できないのか。そうね。そろそろね。彼を紹介しに行きますよ。

そういえば、私の旦那さんも決められてたなぁ。「やっちゃんの旦那さんは、優しくて、体が大きくて、頭が良くて、熊みたいで、ちょっと顔の悪い人」って。なんでちょっと顔が悪いんだよ！　ここで終わってたら、ま、普通の母親ですわな。もう一言付け加えがありました。「なんで頭がいいかというと、やっちゃんの良さは、ちょっとわかりにくいから、頭が良くないとわからないから。私ら親だって、なかなかわからんかったもんね。ねえ、お父さん」「ああ」どひゃ～（コケる）。

また毎年恒例の雑煮問答ができますように。

母「やっちゃん、お雑煮のお餅幾つ？」

私「うーん……3つ」

母「無理だね。2つだね」

私「じゃあ、なんで聞く？」

# 強い女性

私は子供の頃から強い女性が、戦う女性が好きでした。キューティーハニーに憧れて、キューティーハニーになりたくて自主トレをしていました。「Gメン'75」の女刑事が大好きで、特に男をやっつけるシーンが好きでした。小学生は女子の方が成長も早く男子より強い、なんて言われてますが、私にはそんな実感は全くありません。男子の方が走るのだって速かったし、ドッジボールの球だって速かったし、強かったし、痛かったし、フィジカルは常に男子の方が上でした。私が男子と揉めた時、いつも男子は「最終的には腕力によってねじ伏せることができる」というカードをチラつかせてきました。壁を蹴って大きな音を出したりして。口喧嘩なのに五分と五分でないと感じていました。私はいつも拳で対等だった場合、男子とどんな口喧嘩、どんな話し合いができるのだろう、と思っていました。今だって思っています。もしも拳で私が上回っていた場合、男性はどんな態度を取るのだろう。電車では逆に席を譲り出すんじゃね？

そう、あの電車の中で、混んだ駅で、女性にぶつかってくる男。全員が全員じゃないですよ。本当に一部の男ですよ。でも頭来ちゃって「だから男って嫌い」小4の極端な思考に逆戻りしてしまいます。自分がフィジカルで勝ってた時、弱い者に自然と優しくなりませんかねぇ？　私ら女性が、老人や子供にぶつかってゆくってことと同じですよね。そんなことできますか？

私は電車に乗る度に腹が立ってしょうがないです。まだ人が降りている最中に乗り込んでくる人。私は嘘でなく、人生で一度も、降りる人より先に電車に乗り込んだことはありません。エレベーターでもそうです。

「あ、ヤベェ、着いてた!!」と慌てて電車を降りようとする、出遅れてしまった人がいます。私が車内に乗り込まずその人が降りるのを待ってると、「早く行けよ」と後ろから押してくる人がいます。でもね、「この人と私がアンガールズのジャンガジャンガみたいになったら、余計に時間を食いますからね。あなただってジャンガジャンガになって、いらんストレスをゲットするだけですよ。出遅れた人が降りるまで我々は乗らない、これが最短なんですよ」と、背中で語るのですが、全然、聞いてくれません。人は何歳から、どんな経験を積めば背中で語れるようになるのでしょう。

とにかく東京の駅は殺気立ってます。ちょっとでも足並みがずれると、平気でぶつかられます。私も運動神経がいい方ではなく、長縄に入るのが不得意だったので、同級生が良かれと思って入るタイミングを教えようと「はいっ。はいっ」ってやるあの掛け声で、逆にパニックになった口なので、人波にうまく乗れない、足並みを上手に揃えられない人がよく目につきます。老人だったらしょうがないです。私は急いでなければ、だいぶ暇な時は、そっとそのご老人の後ろにつき、壁となります。一人シークレットサービスです。

東京の駅は、何かにつまずいたとか、急に足が痛くなったとか、どんなアクシデントに見舞われようと、止まった人が悪者にされます。ぶつかられ、嫌な顔をされます。

後ろの人に靴の踵《かかと》をガリッと踏まれても当然なのです。

私は嘘でなく、人生で一度も人の靴の踵を踏んだことがありません。踏まれたことは数え切れないほどあります。

ある混みあった車内で。周りなんてお構いなしに、グイグイ押してくるスーツの男が乗り込んできました。見た目40代ってところです。

同じ駅で降りるようです。嫌だなぁ、と思いました。立ち位置的に私が先に降りなければいけません。降りようとした瞬間、後ろから押されました。危ないっ。私がまだ車両とホームの間の隙間を跨《また》いでる途中でしょうが！「北の国から」の五郎さんのように叫ぶところでした。歩いていたら、靴の踵をガリッと踏まれました。痛いっ！

さっきからずーっとずーっと背中を押されています。

この混んでる大行列状態の駅で、一人が急いだってどうにもならないだろ。この1分1秒が人生に影響すんのか？　1分1秒で大金が動くような商売でもやってんのか？

そんな商売やってんなら電車じゃなく、ハイヤーで移動しろ!!　後ろを振り向き男の顔を見てやったら、謝まられるどころか睨まれました。しばらくして、また靴の踵をガリッと踏まれました。痛いっ!! 嘘でしょう? 二度も?

頭にきました。うまいことその男の後ろに回り、そいつの靴の踵を踏んでやろうと思いました。私は怒りに任せて、とんでもないことをしようとしているのではないか。この、自己中の最低男と同じ位置に成り下がろうとしているのか。故意にやったら犯罪になるのか? いや、こんな男をのさばらせてはいけない。踏まれる人の気持ちを知るべきです。

タイミングを見計らって足を前に出したのですが、全く踏めません。全く届かないのです。二度トライして、恐ろしくなりました。普通に前を歩いてる人の踵を踏むって、無理です。前の人が怪我したって構わない、そんな気持ちで思い切り大きく足を前に出さないと踵は踏めません。二度も私の踵を踏むって……故意だ。この男の途轍もない悪意を見ました。どうして? どこからそんなに湧いて出てくる?

逃げました。とにかくこの男から離れました。私はこの男の悪意に誘われて、同化するところでした。つーか、一瞬は、完全に同化していました。怖い。怖すぎる。なに？　なんか試されてるの？　え？　なんかの使い？

早く、早く浄化と罪滅ぼしをせねば。誰かー？　この中に人の波に上手く乗れない

お年寄りはいませんかー？　一人シークレットサービスしますよー。

# 男と女

私は駅を歩いているといつも思うんです。男女の服装は逆じゃないか?と。男は金玉を熱くしちゃいけないから、ラジエーターのようにシワがあると聞いたことがあります。だったらズボンを穿かずにスカートを穿いた方が機能的なのに。涼しくしてあげればいいのに。逆に女は腰を冷やさない方がいい。だったらスカートなんか穿かずにズボンを穿いたらいいのに。足丸出しのミニなんてダメダメ、冷える、冷える。男は筋肉があるからハイヒールを履けばいいと思う。女は筋肉がないからぺったんこの靴を履けばいいと思う。男はヨタヨタ、女はスタスタになるから、歩くスピードが一緒になって、混みあった新宿駅でもぶつかることが少なくなるんじゃないかしら。とても機能的だ。男が常にタイトスカートにハイヒールを履けば、動きが制限され、男女の体力的格差も少しは縮まるだろう。ただ、可愛くない。

私の「男子と拳で対等になった上で口喧嘩をしたい」という意見に賛成してくれる友達が、一人だけいました。その子は背の小さな子なんですが、運動神経抜群で、気も強く、よく男子と殴り合いの喧嘩をしていました。クラスは一緒になっても同じ仲良しグループではなかったり、クラスが別れたら全然喋らなくなったり、でもなぜか、毎年の夏休みと冬休み、一緒に宿題をやる仲でした。妙に気があう、というやつです。男子と殴り合いの喧嘩をするような子ですから、小学校高学年のザ・女子の世界、

1、グループのメンバーはいつも一緒にいなきゃいけない
2、グループの結束のために定期的に誰か一人を無視する
3、ボスの言うことは絶対

なんてルールに縛られない子でした。だから、ザ・女子のルールを上手に乗りこなせないでいた私は、彼女といると楽でした。だったら彼女とつるんでいればいいのに、クラスの女ボスが怖くて、それができませんでした。

中学の時、同じクラスになりました。この頃は、彼女とつるんでいました。テレビの洋画劇場でジャッキー・チェンの映画が放送されれば、二人で拳法ごっこをし、『ロッキー』が放送されればボクシングごっこをしていました。

確か、『ロッキー2』が放送された翌週の月曜日でした。掃除の時間、二人でボクシングごっこをしてはしゃいでいました。雑巾を手に巻いて、教室の長いカーテンをくるりと縛って、それをサンドバッグがわりにして殴る。きゃっこら、きゃっこら、笑っていました。そのうち、相手には当てないマスボクシングを始めました。始めはゆっくり打ち合っていたんですが、楽しくなって、グローブがわりの雑巾を外し、結構なスピードになって、「危ない。当たるじゃん!」なんてゲラゲラ笑っていたら……やってしまいました。私の右ストレートが彼女の左目に、しかも彼女がちょうど前傾したので、カウンターパンチのようにキレイに入ってしまいました。拳にしっかり痛いという手応えと、人差し指の第二関節に思い出すだけでゾッとする「ぐにょり」とした手応えがありました。目玉を潰してしまった! そう思いました。

「だ、大丈夫?」彼女は目を押さえてうずくまっています。「う・う・う……」小さなうめき声しか聞こえません。彼女は負けず嫌いで、我慢強くて、彼女が泣いたところを一度も見たことがありません。彼女も変わっていますが、彼女の父親は相当なエキセントリックな人で、キレたら誰も手をつけられなくなると、町の一部の人の間では有名でした。その父親がブチギレて追いかけてきた時、殺されると思った彼女は、2階の自分の部屋の窓から飛び降りて裸足で夜の町へ逃げたそうです。その時も泣かなかったそうです。痛くもなかったそうです。そんな彼女が……こりゃ、目がどうにかなってしまったに違いない。ああ、私は一生かけても取り返しのつかないことをしてしまった。どうしよう。どうやって償えばいいんだろう。

しばらくして彼女が顔をあげました。「痛えじゃねーか」マジでキレたトーンでした。目玉は……ひっついていました。赤くはなっていましたが、血だらけではありませんでした。潰れてませんでした。「よかったぁ～」

ホッとした私は、おいおい泣いてしまいました。本当に、目を潰してしまったと思ったので。そう簡単に潰れるわけないですが、初めて人を殴ったもので、それもショックでしたし、何より私は、地球は自分を中心に回っていると平気で勘違いできる思春期真っ只中の14歳だったんですもの。

私がおいおい泣いていると、掃除をしていたクラスの女子たちが集まってきました。私と彼女がボクシングごっこをしていたのはみんな見ていました。誰かが言いました。「やっちゃん大丈夫？　保健室行く？」と。みんなは勘違いしたようです。彼女が私を殴り、私が泣いているのだと。興奮冷めやらぬ私は「違うよ」なんて説明もできず、ただただ大罪を犯さなかったことに嬉しくって嬉しくって涙が止まりませんでした。「大丈夫？」みんなが口々に言ってます。みんなが非難の目で友人を見始めました。「やっちゃんが可哀想」誰かが言いました。「ふ、ふざけんな!!」彼女がそう言って教室を飛び出して行きました。

あ……。

その夜、彼女の家に電話しましたが、電話に出てくれませんでした。翌日、話しかけたら無視されました。「なんか、女子って面倒くせぇな」と、ザ・女子の私は思いました。

# 遅刻

去年の大晦日、12月31日、木曜日、13時から始まる「大竹まこと ゴールデンラジオ！」に遅刻しました。13年この番組に出させてもらっています。13年間、毎週木曜日のお昼は生放送をしております。遅刻の理由は、寝坊でも交通渋滞でも、体調が悪かったわけでもありません。ただ、木曜日だと思わなかった。それだけです。

朝も早くから起き、掃除をし、布団を干していました。そしたらマネージャーから電話がありました。連絡はだいたいメールかＬＩＮＥです。電話なんて珍しい。緊急ということです。何か嫌なニュースでも聞かされるのか……それは私についてか？　それとも他の誰かについてか？　嫌な予感を胸に電話に出るとこう言われました。「どうしました？」と。はい？　いやいや、電話してきて「どうしました？」って質問されても、知らんがな。
「どうしましたってなによ?」「ラジオなんですけど」「は?　今日何曜日?」「木曜日ですけど」時計を見ました。12時45分でした。ぎゃあーーーーー。

大晦日、大竹さんは一足早い正月休みに入っており、今日は助っ人に後輩芸人のラバーガールを呼び、私が中心に番組を回さないといけない日でした。大急ぎで家を出て、駅に向かって走りました。以前の家だったら、家の前を走るタクシーに飛び乗れば、渋滞していなければ文化放送まで20分、25分で着きます。しかし、引っ越してきたこの街はタクシーが走っていません。電話で呼ばなければいけません。タクシーが来るまでに早くて10分かかります。で、渋滞していなくても文化放送まで35分以上かかるので……電車の方がすこーし早い。すこーし早いはず。

電車に飛び乗って、昼間のがら空きの車内で座ってから気づきました。マネージャーの電話が遅すぎないか?と。

いや、遅刻した、すっかり曜日を間違えてしまった私がもちろん悪いです。でも、入り時間は本番の1時間前、12時なんですね。私がいないの気づいただろう。その時電話してくれていれば遅刻しなくてすんだかもしれない。せめて12時30分の時点で、電話してくれていれば。今日の生放送に遅刻は確定ですが、それでも15分早く着けたのに。

だってマネージャーって、そういうことをするのが仕事じゃないの？　タレントが身削って働いたギャラの何割も持ってゆくんだから。うちの事務所は現地集合、現地解散で、交通費は出ません。ギャラに含まれています。しかし、遠いところなど、タクシーで行ったらギャラが全部なくなる、時にマイナスになることもあります。ギャラに合わせて電車を使わねばなりません。車で送り迎えのあるタレントの楽さよ。羨ましい。ストレスもなかろうに。私はとんでもない方向オンチなので、住所だけ送られて現場へ行く、この作業がハンパなく苦手です。私はもう何十年と通っているスタジオでも、道がおぼろげです。道が覚えられないのです。覚えても、ちょっとの間行かないと、忘れ去ってしまうのです。スタジオ内でも迷います。楽屋からトイレに行くと、帰り道がわからなくなります。映像を記憶することが苦手で、いや、苦手を通り越して映像では覚えられないので、一回文字にして脳に入れます。

楽屋を出て右、〇〇さんの楽屋の前を通って、次に××さんの楽屋の角を曲がって、胸キュン映画のポスターの貼ってある廊下を歩いてトイレに行った場合は、「〇〇さん」「××さん」「胸キュン」と単語、言葉を覚えておきます。そうすれば帰れるはずなんですが……問題はトイレから出た時、私は右に行けば楽屋に帰れるのか、左に行けば楽屋に帰れるのか、最初の一歩がわからない、ということです。トイレの入り口の壁って、右も左もだいたい同じなんですよね。ワードになるものがない。つーか、トイレに行く時って、もう、したいから行くわけで、トイレの入り口見たらパブロフの犬状態で、便器まっしぐらでしょう？　右だ、左だ、確認する暇がないんですよね。

だからトイレから出て、胸キュンポスターはこっちだったかなあ？　あっちだったかなぁ？　ウロウロします。通りかかるスタッフに不審者の目で見られます。

NHKはやばいです。どこも灰色の壁で、全く同じ作りだからです。私でなく、普通の人でも迷うそうです。あまりに迷路なのは、悪い奴らがやってきて放送をジャックできないように、特にニュースのスタジオがどこにあるのか素人ではわからないように、わざとややこしくしているんだ、と、真偽のほどはわからない話を聞いたことがあります。真偽のほどがわからないついでに。フジテレビのビルにある球体は、あの一帯が海に沈んだ時、プカプカと浮いてシェルターとなり、首脳陣だけがそこに乗れるらしい、と聞きました。偽の匂いが濃くなりましたね。別の人はこう言ってました。あの球体が頭部になる、フジテレビ自体がロボットらしいです。これは真であって欲しい。

ＮＨＫの壁には、他局のようにポスターとか、キーワードになるものが少ないです。私は2回曲がったら、もう方角がわからなくなります。お手上げです。なのでその辺を歩いているスタッフに道を聞くのですが、だいたい怪訝《けげん》な顔をされます。全く。どこも大人の迷子に慣れてなさすぎです。

で、大晦日の遅刻なんですが、なんと、それがわざわざネットニュースにされました。しかも、本番中に。番組で連動しているツイッターに、リスナーからすぐに報告がきて知りました。これをニュースにして世界に発信する必要があるんでしょうか？ただラッキーなことに、大晦日で忙しく国民がうっかりしていたのか、それに対しての非難のコメントは少なく、逆に「私も曜日、間違えたことあります」という、あるある告白会になっていました。あの、否定的コメントしか見つけることのできないヤフーコメントに。奇跡です。天変地異で餅でも降るんじゃないでしょうか。

大失態をしでかしたもんだから、二度と遅刻はできなくなりました。この番組が終わるまで、二度とです。それ以来気を引き締め、誰よりも早く入ったり、確実に12時より前に入るようにしていました。

2月。遅刻することもなく、普通に現場に入っていました。打ち合わせもしました。で、トイレに行きました。本番が始まっていました。嘘でしょう?!!!!

トイレに入っていたらマネージャーの声がしたんです。「大丈夫ですか?」って。

確かにウンコと格闘していましたが「大丈夫?」って大きなお世話です。ウンコくらい自分の間でやらせろっ。「何?」「本番もう始まってるんですけど」

はい? はい? はあ? ええ?

だったら始まる前になんで教えてくれないの? 本番始まる1分前とかに「1分前ですよ。急いで」とか言えないの? 言えるよね? 言えたよね? どうして本番始まって5分近く放っておけるの?

番組のツイッターに速攻非難がきました。こないだも遅刻したし、やめさせろ。たるんでる。一般社会じゃ通用しない。またそれをネットニュースにされました。前回のように穏便に終わらず、全く無関係の人らがそれを読んでブチギレていました。一般社会じゃ通用しない、やめろ、責任感ない、不愉快だ……。

時計を見なかった私が悪いです。私が悪いんです。私が悪いんです。

大竹さんはじめ、スタッフも、だーれも気にしてなくて、面白かったからいいよ、としか言ってません。関係者で私を怒る人は誰もいません。でも、私はもう49歳の大人なのに、この失態が許せず、今でも思い出すと泣けてきます。泣いても何にもならないですけど、悔しくて泣けてきます。このネタを引っ張るほど、私の人生には事件が起きていない。ということは平和だという証明です。が、泣けてきます。しつこい！

＊

私は数字が大嫌いです。時間、お金、視聴率、コンピューター、数字が本当に嫌いです。ストレスしか感じません。数字ってなんでこうも人を追い詰めるんでしょうか。「あと何分」この言葉で楽しくなる人いますか？　焦っている場面が浮かんだんじゃないですか？　では「もう何分」は？　「いやぁ、楽しすぎてもう×分も経ってたなんて、びっくりだよ」楽しかった場面が浮かびました？　ウソウソ。絶対「ああ、もう×分も経っちゃった。やばい、やばい。急がなきゃ」じゃないですか？

時計が大っ嫌いです。支配されたくないから、極力見ません。時計を見たら負けだと思っています。腕時計をつけたことは、海外旅行の時以外、人生で一度もありません。

「だから遅刻するんだよ!!」生きとし生けるものからのツッコミが聞こえました。

人に流れる時間って同じじゃないですよね。私は自分の体験に基づいて言っているんですが、これを言うと、「言い訳するんじゃねぇ!!」と怒る人が多数です。

子供の頃から「急げ」「早くしろ」こればかり言われてきました。「ゆっくりしてください」と言われたことは、強羅温泉の高級旅館に泊まった時と、一流ホテルのビュッフェに行った時しかないです。どっちも大枚叩《はた》いています。

学校の休み時間は10分でしたっけ?　5分でしたっけ?　忘れましたけど、理科室なり、音楽室なり、その間に教室を移動しなきゃいけないじゃないですか。みんな移動できるじゃないですか。私はできませんでした。わからないです。私は不良でもないし、どちらかというと、規則は守る、守らせる学級委員サイドの人間でした。なのに、その休み時間で教室移動が間に合わないんです。いつも廊下を走って、教室に入って、先生に謝る、これがセットでした。何をして時間がなくなるのか、それもわからないです。トイレに行くこともあるし、友達と喋ることもあるし。友達もいい加減、私といるとなぜか遅れるから、早めに立ち上がるんですね。「やっちゃん行くよ」って。で、「はい」って従順について行ってるんですが、間に合わないんです。

だから、人に流れる時間ってそれぞれだと思うんです。私は大切なことにゆっくり時間が流れて欲しいから、教室移動なんて箸にも棒にもな、どうでも良いことの時間を巻き巻きに、早回ししていいですよ、と神様と契約してるから、だからみんなと同じように数字上では10分ですが私には1分しかないんですよ。その速さで流れているんですよ。そう納得しています。ね、「言い訳してんじゃねぇ!! 屁理屈こねてんじゃねぇ!!」って言いたくなりました?

妹の家に用があって夕方、出向いた時のことです。ちょうど甥っ子がテニス教室に出かけるところでした。家から5分の距離にテニスコートがあるので5分前に家を出ればいいのですが、とはいえ、もう10分前です。「早く着替えなさい」と甥っ子は妹に急かされていました。甥っ子は「わかったぁ」と、ヘラヘラしておりました。ん？なんか、同類の匂いがするぞ。

「昼からなんにも食べてないでしょ？　おにぎり食べてから行く？」「うん。食べてから行く」「じゃ、その前に着替えなさい」「わかったぁ」甥っ子はそう言いながらトイレに入りました。で、トイレから出てくると、カバンから本を出して、何やら読み始めました。「おい、テニスだろ」つい私も声を出してしまいました。「あ、そうだ」甥っ子はのろのろ着替え始めました。で、着替えの途中、おにぎりを見つけると、おにぎりを食べ始めました。で、食べながら昨日あったことをベラベラ喋り始めました。「喋るのやめて。着替えるか食べるか、まずどっちかにしなさい」妹に怒られてました。

コイツ、同類じゃねーか？　私は甥っ子に聞いてみました。「ねえ、休み時間中に教室移動できる？」「できない」完全に同類だ!!　なんだかうれしくなりました。「靖子も理由はわからんが、学生時代、いつも間に合わんかったよ」「うん。間に合わないね」

「間に合わないじゃなくて、間に合わせなきゃいけないいの！」妹が怒りました。うん、妹が正しい。正しいんだけど、なんか、コイツのこのヘラヘラしてる感じ、好きだなぁ。

# 断捨離

日本でも新型コロナのワクチン接種が始まるそうです。世の中はどうなってゆくのやら。

7月にカナダへ行く予定です。予定なんです。二度目の夏は落ち着いているだろう、と希望的観測の下、決めましたが、思ったより世界は落ち着いていません。このなんとも言えない状態下で、家財道具をどうするか決めなければいけません。

留学もなぁ、行ってみなきゃわかんないしなぁ。すぐに帰りたい、二度と海外に住みたくないって、最悪1ヶ月で帰って来るかもしれないし。冬にコロナがまた蔓延して、学校がオンライン授業になったら、ロックダウンにでもなったら、もう海外にいる意味ないですからね。そうなったらすぐに帰国しますでしょう。

でもな、海外がめちゃめちゃ楽しくて、私、もっと勉強したい！なんてなるかもしれないし。そのまま3、4年いるかもしれないし。だったら、家財道具ぜーんぶ処分しておいた方がいいでしょう？　だって、留学を続けるということは、収入なしで出費だけするってことですから、貴族並みに湯水のごとく金を使うということですから、少しでも出費は避けたいです。倉庫代もバカにならないし。

どうしましょう。すぐに帰ってくるのか、なかなか帰ってこないのか、自分だってわからない。こういう場合は中取って……最低限の家財道具だけ倉庫に預けるべし!!

全ては中道が良いですからね。それが大人。それが波風立てない生き方。

私は物が捨てられません。断捨離をすると心が軽くなり、仕事もうまくいき、健康にすらなると書かれている本もあります。利点しかないじゃないか！　こんまりさんがネットフリックスで番組を持つくらい、アメリカで人気です。あの、物、物、物、のアメリカで。いらない物を捨て、整理整頓をすると、みんなの心に良い方の変化が現れるようです。

いろんな整理整頓の本や記事で言われているのは、2年袖を通していない服は処分してよし。でも私は、これがどうにも納得ができないです。

先日、思い切って2年穿いていないパンツを処分したんですね。ウールのワイドパンツです。毛玉も結構出来てて、くたびれてたし。で、その翌日「今日のコーディネイトにはあのワイドパンツが合うな。あれ？　あれ？　ない！　パンツがない！　あ……捨てたのか……。もったいないことをした」と後悔しました。捨てると大体こうなります。なんでか考えたんですよ。2年も袖を通していない、いわば忘れてた服を、捨てる前にはじっと観察するじゃないですか。捨てるべき理由を見つけるために。その逆で、その服の良さも再確認してしまうじゃないですか。そして、その服の情報が脳に再入力される。

私の記憶力はどんどん低下しています。年寄りは新しいことを覚えられないけど、古いことは覚えているもんです。私も片足突っ込んでいます。捨てたことはすっかり忘れ、買ったばかりのその服が最も輝いていた頃の古い記憶だけが鮮明になる。

私は思うんです。

「5年着ていない服は、体型や流行りが変わって、5年後ヘビロテになったりする」。本当に、よくあることなんです。

5年くらい経つと服の流行も変わります。好みだって変わります。痩せることだってあります。7年も前に買ったジーンズがヘビロテになったり、10年も前に買ったノースリーブのワンピが、旅のレギュラーアイテムになったり。私はギャルソンが好きなんですが、ギャルソンのジャケットなんて、一番古いやつは20年近く前のものじゃないかなぁ。今は着てませんが、あと2年したら、第三次ヘビロテ期がくると、体感でわかっております。

5年どころじゃねぇ物持ちのよさ。諦めの悪さ。

恵比寿の洋服屋さんで、あるジャケットを見て恋に落ちました。黒とゴールドの細かいストライプの生地なんですけど、光沢感があって、その生地のワンランク上のおしゃれさに一目惚れしてしまって。この生地をおしゃれと言わない人はダサい人しかいない、それくらいおしゃれなんです。おフランス製のジャケットでした。ただ、そのジャケット、オーバーサイズで作られてはいるんですが、デザインでわざとなんですが、少々、袖が太い。ダボッとしたデザインで、肩周りはそれでいいんですが、手首近くまでほぼ同じ太さで、8分袖で……うーん、簡単に言えば、きもーち法被《はっぴ》みたいなんです。そう、気づかなければ気づかないんですが、一度気づいたらもう法被にしか見えなくなってしまって。なんだかデパ地下物産展感が出てきてしまって、せっかくのおフランス感が引っ込んでしまって。でも、すんごい可愛い生地なんです。襟のあたりのデザインはカチッとしてて、作りも丁寧でパーフェクトなんです。しかも、セールで30パー引きなんです。この生地を着こなすのは、申し訳ないが、店員さんを含め今この店にいる客では無理だ。わざわざおフランスから来たのにねぇ、このままじゃ成仏できないよねぇ。……あたす?

翌日、仕事場に着て行きました。スタイリストさんは、おニューの私服、しかもそれが素敵だったら、黙ってても向こうから褒めてきます。「おはようございます。あ、ジャケットかけときますね」「ありがとう」いつものように私からジャケットを受け取って、手にとって、ハンガーにかけて……何も言わないっ！　嘘だろう？　この生地を見てオシッコチビんないなんて、嘘だろう？

スタイリストさんはタレントを気持ちよくさせてスタジオに送り込むのも仕事のようで、何かとおだててくれます。「どうせ私なんて……」と言えば、反射神経で「そんなことないです」と返してきます。拝啓と敬具のセットみたいなもんです。私が7キロ太り「いよいよ痩せないとやばいよね？」と言った時も「嘘？　全っ然、太ったってわかんないです」と言ってくれました。衣装のウェストも尻もパッツパッツなのは気づいているはずなのに。

仕掛けてみました。

「昨日、このジャケット買ったんだけど、ちょっと袖が太いよね」

「そうですね。ちょっと太いですね」

嘘だろう？　いつもみたいに、そんなことないです、可愛いです、じゃないのか？　まさか。まさか。幻聴かもしれないので、もう一回。

「これさ、法被みたいだよね」

「あ、本当ですね。そう思うと法被に見えますすね。なんか和が強いですね」

やだ。ヤダヤダヤダ。恥ずい。もう、このジャケット着れないよぉ。

……3年寝かしました。

そして、最近、ひょんなことでお直しの先生と知り合いになって、お直しの教室に行き、先生の指導の下、このジャケットを自分で直しました。袖を少し細くしました。完璧なジャケットになりました。ヘビロテになりました。

長々書きましたが、ね？　2年袖を通さない服は捨てるべきではないんです。ずーっとずーっと取っておけばいいんです。ずーっと取っておけば、体型も流行も変わらなかったとしても、私のように、己のスキルがアップするかもしれないのです。体型に合わせて自分の手で服を作り直せるようになる奇跡が訪れるかもしれないのです。だって、あなたは無限大なのですよ。いつでも変われるのですよ。

だから、何も捨てたらダメなんです。

……逆こんまりで、番組持たせてもらえないかな？　これじゃ無理か？

＊

いつかやらなきゃ、とは思っていましたが、いよいよ来ましたね。本。本を整理する時が。整理とは……手離すことです。売る、寄付する、あげる、どれでもいいです。数を減らさないと……。

20代、お給料がちょっとずつ増えてきて、生活に余裕ができた時、まず初めに使ったのは食事でした。ファミレスで煮魚御膳にほうれん草のソテー（小皿）を追加できるようになった時、売れたな、と思いました。また少しお給料が増え、次に使ったのは本でした。平積みの新刊をジャケ買いできるようになった時、天下取ったな、と思いました。嬉しさに痺《しび》れました。

その頃からコツコツ本を買い溜めました。溜めたというか、なかなか捨てられないのです。なんだろう。本を捨てるとバチが当たる気がして。お米の贔屓と同じです。お米は、一粒に七人の神様が住んでいる、と言われていたり、年貢と言えばお米、騒動と言えばお米、の立ち位置で他の食べ物とは一線を画してるじゃないですか。同じ食べ物のはずなのに、お米だけは特別で、研いだ時に排水口に一粒でも流してしまおうものなら「勿体無い!!」と慌てるのに、ちょっと黒くなった野菜は平気でバッサリ切ってポイと捨てられる。それと同じです。洋服も雑貨も、雑誌だって捨てられるんです。でも、本だけはなかなか捨てられなくて……。

またいつか読みたくなるかもしれないし……と取ってありますが、繰り返し読んだ本は少ないです。約30年で、頑張って……100冊？　ないかぁ？　本棚1つで収まる量です。

本はどんどん増え続け、どこに引っ越しても一部屋は本のために使います。ただ本だけが置いてある部屋。本を取りに行く時しか入りませんから、掃除をしなくても綺麗です。その部屋だけ引っ越した時の新しい匂いのままです。空気もひやっとしています。

留学中、倉庫には最低限の家財道具だけ残すようにしないと……。やるよ。やりますよ。こうしましょう。作家さん一人につき、ベスト2残し。お気にの2冊を残す。まずは、一番端にある桐野夏生さんから……多すぎる！　ざっと数えただけで30作品ありました。探せばもう少し出てくるかも。桐野作品からベスト2？　『グロテスク』と『柔らかな頬』かなぁ。どっちも爽やかからは程遠い、衝撃と興奮と重い後味と、凄いですもん。忘れられないですもん。待てよ？　忘れられないということは、別の本を取っておいたほうが良いのでは？　頭の中に2冊、物として2冊、計4冊所有できるということでは？　待てよ。正直、内容を克明に覚えていない作品というのは、自分の好みとは合わなかったということではないのか？　そもそもなんで作家一人につき2冊って決めたんだ？

わからなくなってきたので、ネットで調べてみました。「本の断捨離の仕方」。なるほどねぇ。絶版になってる本は取っておいたほうがいいのか……え？　いちいち調べるの？　この部屋にある全ての本を？　ああ、なんか考えただけでしんどくなってきた。絶版になるべくして絶版になったのなら、取っておかなくていいんじゃないかなぁ。作家さんも駄作を取っておかれたら恥ずかしいんじゃない？　オアシズのデビュー当時の素人漫才のＶＴＲを流したがるテレビマンと同じくらい、趣味が悪いんじゃない？　その反対で、内容は素晴らしいのに売れないという理由で絶版になってる本なら取っておくべきです。後世に残すべきです。その判断は、我々がするしかないでしょう。今一度読んで、己で判断すること、これが我々本好きの使命です！

ネットには、注意書きも載っていました。「断捨離の途中で本を読まない」これは真理だよね。

# 旅

去年の秋、ＧｏＴｏキャンペーンのあの頃、１泊２日の温泉旅行に行きました。２０２０年の一番のイベントで一番楽しかった思い出です。なんだか、小学生の夏休みの作文のよう。

Ｗコロナ師匠の会の４人で行きたかったのですが、森三中の黒沢の都合が合わず、清水ミチコさん、たんぽぽ白鳥さん、清水さんのマネージャー田中さんの４人で、長野の湯田中《ゆだなか》温泉に行きました。楽しかった〜。私は、本当に清水さんと白鳥さんが好きで。マネージャーの田中さんだってマネージャー界では３本の指に入るほど好きです。

ある人が言ってました。人生で一番楽しいのは「婚前旅行」だと。それは「新婚旅行」とは雲泥の差であると。どちらも未経験の私ですが全面的同意です。だって、好き同士だがまだ浅い、互いに気を使いあう関係の、触れたいが触れてもいいのか躊躇する関係の二人で旅ですよ。そんなもん、シャッター商店街を歩いてたって楽しいですわ。棒切れ1本ありゃ4時間潰せますすわ。ああ、経験したい。初詣では毎年、祈願しました。「死ぬまでに一度でいい、婚前旅行に行けますように」と。しかし願いが叶う前に、恋人が欲しいという気力も体力も衰え、祈願の内容も「一年笑って過ごせますように」に変わってしまいました。あ、あと世界平和ね。

コロナのせいで人と頻繁に会えなくなりました。人に会うからトラブルは生じます。人に会わずに、関わらずにお金を稼げる職業って何だろう?と真剣に考えたこともありました。でも、コロナのおかげで「会いたいなぁ」と思うことができました。私には好きな人が大勢います。会いたいなぁ。

まるで恋人のボルテージでの、この温泉旅行でした。清水さんも、白鳥さんも、田中さんも、一緒に旅行したことはすでにあります。旅行中、イラッとしたこともあります。しかし、今回は価値が違います。コロナで会えなかったというフリがありますから。

早く着きすぎて駅のホームで待ってた時、一人ずつ姿が見えた時、私の脳内では幸せ粒子がボコボコボコボコと湧き出しました。源泉掛け流し状態。擬似婚前旅行なり！

＊

小学校3年生になってすぐに「やっちゃんはうちのグループね」そう言われ、あるグループに所属となりました。クラスで一番気の強い、女子ボスの率いるグループでした。イエスもノーもなし。そもそも、私はちょっとマイペースな子供だったので、友達とかグループという概念がなかったので、休み時間は一人でウサギ小屋に行き、むしった雑草をウサギに食べさせたり、一人で塗り絵をしたり、ドッジボールに混ざったり、自由に過ごしていました。グループに所属させられてからはそれは大変でした。ある日突然、グループのみんなから無視されたり、理由もわからないまま急にまた仲良くされたり。嫌われてるのか好かれてるのか、なぜグループに入れられたのか、とにかくわからないのです。「なぜ?」も「いつ?」もわからない急にやってくる無視。怖かったです。

そのうちわかったのは、全てボスの指示であるということでした。「許してあげてもいいけど、なんでかわかる?」、この始まりでボスから私に伝えられたことは「やっちゃん一人でトイレに行ったよね」と「テスト何点だった?って聞いたら何点て教えてきたよね。それ、自慢だよね」でした。びっくりしました。トイレに自由に行けないなんて、四人だって房にトイレがあって自由にできますよ。質問しておいて答えたら怒る、一休さんでもわからない引っ掛け問題です。お先真っ暗、私に未来はない、そう思いました。これは、解決できる問題ではないのだ!

そこからは、目立たない、常に多数派はどっちかを見極める、を死ぬほど努力しました。80年代に入り「個性って大事!」「変わってるは褒め言葉!」なんて風潮になってゆきますが、「そんな浮かれたことしてたら殺されんぞ!!」と9歳の私はサバイバルをしていました。

そのうち私以外の子も無視されるようになり、次はあの子、次はこの子、くるくる人は入れ替わりました。でも、私はボスの何を逆なでするのかわかりませんでしたが、他の子よりだいぶ多く無視されました。

小学校3年生から私の一番の悩みは人間関係になりました。クラス替えをしても、ボスみたいな子は必ずいました。どのクラスにもいましたから、あの生き物は、クラスに必然的に生まれるのでしょうか。中学になると、ボスみたいな人らも少しまともになりましたが、まだまだ中ボス、小ボスみたいな人は多くて、悩みました。高校の時は楽でしたが、それでも人間関係が一番の悩みでした。

大学生になった時、驚きました。年齢的に大人ということもありますが、そのシステムがなんと人間関係を楽にしているか、と。自分で授業を選択し、その授業が開かれている教室に向かう、それだけです。クラスという囲いがないのです(外語大には半分クラスみたいな語科という単位はありましたが)。いつも同じ場所に、いつも同じ人といなくていい。いじめが起こるわきゃないのです。群れてないですもん。個ですもん。誰かと一緒にいたければ、サークルにでも入りゃいいのです。同じ趣味を持った、似た者がいる場所を自分で選んでいいなんて、夢か？

もしも小学校が、中学校がクラスという囲いを取っ払って、自分の机も椅子も無くしたらどうなるんでしょう。個が尊重され、「みんな同じでなければいけない」という日本人の呪縛から解放されるかも。私はボスと無理して一緒にいることはなかったかも。

小学生、中学生の時に学んだ集団生活は大人になった今、役立ってますか？　私は……わかりません。東京に来てから、ぶいーんと反対に振り切れてしまって、思ったことを口に出す人間になってしまいました。ボスの周りにいた人間、もしかしたら過去の自分ですかね、嘘ついて人に合わせといて後で文句言う奴が嫌いで、「気使ってます」な嘘の態度が嫌いで、だったら今解決しましょうよなんてやってたら……万人に好かれる人間ではなくなりました。あ、万人に好かれないのは昔からか。仕事場でよく衝突します。怖いとよく言われます。

小学生の頃できてたことが、今、できません。いい塩梅《あんばい》ができません。

この私と仲良くしてくれる人ら。稀有な人ら。私は本当に清水さんと白鳥さんが好きなんです。「今、ちょっとウザい」これが全くの微塵も起きないんです。あ、向こうはちょいちょいそういう顔をします。

私は、「あ、この人私のこと好きじゃないな」など、人の負の感情に敏感です。特に他人、初対面の人が笑顔で丁寧な言葉を使っていても心の中でイライラしていると、本当にそのイライラ粒子が見えることがあって、コツンコツン私にぶつかってくるその粒子にやられてしまい、「だったらこっちだって」と、精巧な鏡のようにイライラ返しをしてしまい、そして超スーパーハイリー落ち込む、ということばかり繰り返しています。が、この二人に関しては「ウザいな」って顔をされても傷つかないどころか「またまたぁ〜」とより懐けるのです。ラジオで大竹まことさんが「うちの猫が、寝てる俺の首に、頭を突っ込んでくるんだよ。首に穴が空いてて、そこから俺の中に入れると思ってるみたいに」と話すんですが、その大竹さんの飼い猫の気持ちがわからんでもない。なんだろう。理想のお母さん？　理想の親戚のお姉さん？　理想の先生？　とにかく、底抜けの懐の深さを感じるのです。私ごとき、雑魚1匹を平気で飲み込むドロップオフが見えて、そこに潜ってゆきたくなるんです。

タレントに一番大切な人間力。会う人全てに「この人と一緒にいたい」と思わせるパワー。これがあるからスタッフが集まり、番組が作られるのです。長いこと芸能界にいてわかったのは、多少の言葉選びの面白さなんてどうでもいい。最終的には人間力が必要ということ。生まれ持ってのものなのか、努力してのものなのかわからないですが、私には足りないということが最近わかってきました。タレントさんの中には、挨拶をしただけでウキウキしてしまう、そんな人が本当にいるんです。顔を見ただけで、笑みがこぼれてしまう人が。真のタレント＝才能です。

私は、この二人はこれを持っていると思うんです。だから、もっと評価されるべきだと思うのです。あ、清水さんは毎年、武道館をいっぱいにしてるか。そんな動員力、芸人界ではナンバーワンか。評価されてるか。でも、出待ちが0人なんです。武道館だから1万人近く集まるんですよ。1万人いたら、楽屋出口で「きゃー」と叫ぶ人が一人くらいいてもいいでしょうに。ゼロ。ゼロなんですよ。悪口じゃないですよ。

白鳥さんは博識で、ニュース、地理、歴史、文化、芸能、広く浅く、なんでも知ってるんです。そう、タレントに必要な知識は、広く浅くなんです。狭く深くは、専門家の領分です。我々は何も知らない人と同じ立場にいながら、ちょっと知ってるからこそ質問ができる、話を展開させられる、それが重要なんです。白鳥さんは人をのせる合いの手だって抜群に上手いです。話してるこっちが気持ちよくなっちゃって、以前、一方的に電話で2時間話してしまった時は……すいませんでした。しかも内容は「あのタレントはクスリをやっていないと思う」でしたからね。ワールド・オブ・ザ知らんがな、ですね。でもね……2時間も泳がせた白鳥さんも悪いと思いますよ。

しかし、この二人が本当に評価されて、もっと売れっ子になって、休みもなくなってしまったら、私と遊んでくれなくなってしまう。ホンモノと呼ばれる才能溢れる人たちが近寄ってきて、私服がオシャレな、夜なのにサングラス率高い人らと一緒に、港区の一日一組限定の一軒家の隠れリストランテになんか行くようになって……嫌だ。

絶対に嫌だ。

心のどこかで「これ以上売れて欲しくない」と思ってしまうファン心理と同じです。

＊

お宿に行く前に、地獄谷野猿《やえん》公苑に温泉に入るニホンザルを見に行きました。山に住み、餌だけ人からもらう半分野生の猿たちです。猿の温泉には定点カメラが備えつけられており、いつでもパソコンなどで映像を見られます。実はここ3日、猿は全く来ていません。清水さんの出待ちファンの数と一緒、ゼロです。今は繁殖期だそうです。繁殖に夢中でお風呂は忘れちゃってるのでしょうか。

私たちが向かったその日、映像を確認すると、2、3匹の猿が温泉に入っていました。奇跡！　猿がどれくらい長湯をするものかわかりません。急いで山を登らなきゃ。そうなんです。野猿公苑は山の上にあるんです。

清水さんがちょいちょい「ゆっくり行こうか?」と言います。「ババア、またかよ!」なんて冗談を飛ばしながらケラケラ笑っていたのですが、長野の山の10月です。薄手のダウンを中に着込まないと寒いです。しかも山の地面は冷たいです。私は足の裏を冷やすとすぐにつるクセがあります。冬場フローリングをスリッパなしで歩いたら、冷えた足でちょっとでも足指を動かしたら一発です。こういう時は、丁寧に、まっすぐ足を下ろしていないと……ぎゃ！　山道は冷えた上にボコボコしてるからぁ。「いてててて」「ババア、しっかり歩けよ！」「待って、薬飲むから。ちょっと待ってー」足があまりにつるので、足つりの薬を常備しています。ちなみにこんな薬があると教えてくれたのは、清水パイセンです。

「大丈夫ですか？」と待ってくれたのは田中さんだけでした。さすがマネージャーの中のマネージャー。だから田中さん好き。

公苑の入り口を抜け、しばらく行くと……え？　丸々ツヤツヤした猿が遠くをぼーっと見ていました。なんつー哀愁！　2メートルくらいまで近づいて写真を撮っても逃げることも嫌がることもありません。道を進んで行くと、ここにも猿、あそこにも猿。結構いるよ。子猿の可愛いこと。歩く私らを「邪魔。どいてよ」と言わんばかりに猿たちが追い抜いてゆきました。近いっ!!

バラエティでニホンザルと共演したことが数回あります。その時必ず言われたのは「絶対に目を見ないでください」です。目を合わせるのは決闘の合図で、襲いかかってくるからです。不良と一緒です。あんなに芸ができる賢い猿なのに、どの子も正直、怖かったです。何が不満なのか、目が合ってなくてもすぐに「キーーーーーッ！！！」と歯と目をひん剝《む》いて飛びかかろうとしますから。

それに比べたら、ここの猿たちは全然、落ち着いたもんです。そして驚くほどみんな丸々しててツヤツヤです。毛は茶色一色じゃないんです。彼らが動くと、太陽の光で緑がかった細かな縞模様が輝くんです。野生の猿も、動物園の猿も、痩せてて、肌がボロボロで、見ていてかわいそうになります。野生もストレス、飼われてもストレス。ここのように、食べ物だけは潤沢にある自然暮らしが一番ストレスがないようです。自然と人工、半々が良いようです。人間もそうですもんね。虫が1匹も出ない自然に囲まれたホテルが一番贅沢ですもんね。そこにいる金持ちの肌はつやつやで、セレブの脛《すね》はピカピカですもんね。

温泉のある広場にたどり着くと……マジか？　うじゃうじゃ。猿うじゃうじゃ。猿まみれ。猿びたし。猿洪水。山の斜面のそこかしこに猿、猿、猿。後で聞いたら160匹近くいたそうです。ミラクル！！！

温泉では真っ赤な顔をした猿たちがいます。大体がペアになっていて、背中のノミ？を取り合いっこしています。まるで町工場のベテランのパートさんのようです。つまらなそうな顔して、手練《てだ》れの手つきで毛をしゃしゃしゃとかきわけ、ノミをつまむと、すぼめた口に運びチュッと食べます。無駄な動きは一切なし。何回かやると、無言で交代します。以心伝心。それが面白くって。子猿も真っ赤な顔して一丁前にお湯に浸かっています。可愛い。癒される。

山の方が急に騒がしくなりました。「キー！」「キキー！」「キャーー！」。すごく嫌な鳴き声です。見ると、一回り大きな猿が、周りを威嚇《いかく》するように歩いていました。そのデカイやつが動いた道なりに、周りにいる猿たちがキーキーキャーキャーなるのです。たまに襲うそぶりをしてみたり。商店街をかましながら歩くチンピラみたい。平和だった空気が一変しました。そのデカイやつが温泉にやってきました。お湯に浸かるわけではなく、周りの岩の上をぐるぐる歩き回ります。お湯に浸かってた子猿がキーキーとなりました。お湯から出てゆく猿もいます。なにコイツ？

後で飼育員さんに聞くと、そいつ、ボス猿なんですと。で、温泉に入るのはメスと子猿だけで、オスは入らないんだそうです。

メスと子供が平和な世界を作っていたのに。マッチョなオスは……私は好きじゃない。


猿を堪能し下山することに。寒いので、みんな先にトイレを済ませましょう。まだ新しく綺麗なトイレで用を足し、ズボンを上げたところで、ふと床が汚れているのが目に入りました。なんだ？　茶色いぞ。え？　前方右隅、ほぼ死角のあたりに……まさか。嘘でしょう？　どうしたらそこにできるの⁉

そして、誰かがそれを踏んで、靴についたものを床でぬぐって、一筆書き状態のそれを私が……踏んでいる。ぎゃーーーー!!!!
猿のではありません。猿のは公苑で見ました。もっと黒いです。なんで? なんで便器があるのに床でするの?

出口に置いてあった消毒液をシューシュー靴裏に吹きかけました。消毒液がどこにでもある、コロナになって良かったことの一つですね。落ち着いてる場合じゃない。

帰りはタクシーを使うことにしました。でもタクシー乗り場まで、距離は行きの半分になりますが、坂がきつい山道を下らなければいけません。陽も陰ってきました。冷えてきました。地面は冷たいです。そう、そういう時は気をつけていても「あいたたたー!」また足がつりました。

急いで爪先をつかんで、足首を90度に曲げて筋を伸ばさないと……アレを踏んだ方の足でした。汚いっ!! 汚くて持てない! 地獄。

「いたあああい」薄暗くなった山にこだましました。ススキの穂の白が揺れていました。

お宿はよろづやさん。登録有形文化財に指定されてる古いお風呂や、これまた登録有形文化財になってる離れがあります。白鳥さんが以前、ロケでここを訪れて良かったということで、このお宿に決めました。

夕食前にお風呂に入ることにしました。純木造伽藍《がらん》建築という造りで、天井も窓も格子になってます。なんというか、天井と壁はお寺みたいで、真ん中に白くて大きな丸い湯船があって、電気が明るくて、全体的に明治や大正の洋風の病院みたいな感じもあって。ロマンチックで色気のあるお風呂でした。年配のおばさまたちが多く、裸を見られても恥ずかしくないのですが、いかんせん電気が明るく丸見えすぎる。外に広い露天風呂があります。小さなタオルで前を隠し、コソコソと歩いていくと、奥の岩陰から聞き慣れた声が。あら、皆さん、ここに？　気持ちの良いお風呂でした。

お部屋は歴史ある松籟荘《しょうらいそう》で。新しくできた本館と繋がっているのですが、本当につなぎ目から空気が変わるんです。ここから古《いにしえ》の世界に入りますよ、みたいな。鶯張《うぐいすば》りの床の音がきゅうきゅうと、可愛く楽しかったです。

ご飯は肉もあり魚もあり、美味しゅうございました。食後の軽いひとっ風呂のあとはテレビ電話で黒沢を交えてみんなでおしゃべりしながら、日本酒をちびちび飲みました。一人暮らし歴約30年、隣に人がいると緊張してなかなか眠れないんですが、よく歩いたせいか、お部屋のせいか、いつものように微動だにせず、おい、この人呼吸してる?と周りが慌てるくらい、静かによく眠れました。

その後、残念なニュースがありました。2月、よろづやさんが火事にあいました。松籟荘の厨房から火が出たそうです。私たちの泊まったお部屋はどうなったのでしょう。お風呂と本館は無事だそうです。松籟荘のあの思い出は消えないようにしっかり刻んでおきます。

# おすすめマッサージ

「イッテQ」界隈の女性芸人の間では、いつも何かしらの美容、健康ブームが起きているそうです。誰かが見つけてきては全員で共有し体験する、その結束力たるや。そしてみんな人がいいのか、信じやすいのか「すごくいい」となるそうです。で、それを私のところまで伝えてくれるのが黒沢です。

黒沢に数々のモノを勧められ覚えているのは、見えるという占い師と、実はそっち系のパワーを持ってる人がそのパワーを隠してやってるハワイ系オイルマッサージと、あるタレントさんがメイク室で話していたのを女芸人の一人が盗み聞きして女芸人の間に広まった、細胞レベルから変わるという青痣《あおあざ》だらけになる程硬い物でゴシゴシこするマッサージ。こう並べると占いが一番普通に見えます。黒沢のふるいにかけられるとふんわりスピリチュアルなものが残るのか、女性芸人という生き物がふんわりスピリチュアルなものが好きなのか。

芸能界は頑張ったからって評価されるもんじゃないですからね。時代とマッチするか、誰に出会えるか、ご縁、運が大きく影響します。ＳＮＳのおかげで良くも悪くも噂が噂を呼び、真実となるスピードが速いです。そしてリップサービスと失言は紙一重で、いつ歩いている薄氷が割れるかヒヤヒヤものです。何かに頼りたくなる気持ちはわかります。

私も占いは好きです。でも「当たったー」という経験は一度もないです。「当たらないと思ってるから、あなたからは何も読み取れないんですよ！」と占い師に言われたこともあります。疑り深いですね。疑り深いというか、ただの天邪鬼《あまのじやく》ですね。周りが「すごくいい」とか言ってると、どんどん冷めてゆくんですね。周りが否定的だと「そんなことないよ」と庇《かば》いたくなるんですね。己があるようで実はないのかもしれません。

エステもマッサージも、化粧品だって、占いだって、プラシーボ効果を大いに利用した方がいいです。同じ時間、同じお金を使うなら、信じて、少しでも効果が出る方がお得です。

先日、黒沢から勧められた女芸人さんらの間で流行りの青痣になるゴリゴリマッサージに清水ミチコさんと行ってきました。

噂通り、痛すぎ!!! 太ももへのファーストこすりで「ヒーーーー!」悲鳴をあげました。太ももが千切れた、そう思いました。血が吹き出してないか一回確認しましたもん。鉄なんでしょうか、木なんでしょうか、腹ばいで寝てるからよく見えないんですが、なんか硬いものでゴリゴリとやるんです。オイルを塗った後、基本下から上に、その硬いもんを力を入れて押しつけながら動かすんです。筋膜剝《は》がしとか最近流行ってますでしょう? あれに近いんですかね。説明によると、ゴリゴリとやって、ひっ付いてしまった皮膚を剝がして、血流をよくするんだと。血流さえ良くなったらこっちのもの、体の不具合はなくなる、と。で、初めは痛いが数回通って体が良くなってくれば、痛くなくなるし青痣もできなくなる、と。

「いた、いたたたた、あっあの、これは通常の力ですか?」「はい。ちょっと弱いくらいです」「あの、これはみんな我慢してるんですか?」「はい。ま、でも、力を弱めたり調節はできますけど、あんまり弱いと効き目も弱くなりますよ」

せっかくやるなら、効き目が大きい方がいい。同じお金を払うなら、最大限、得を持って帰りたい。私はケチなのだ。そう、私はケチなんだから頑張って……ひ〜。


こんなに痛い思いをして、いかほどの効果を得られるのだろう? 肌の表面をこするだけで、なんで体が良くなるんだろう。本当に効果があるなら、マンションの一室じゃなくて、日本中に病院ができてるはずじゃないですか? お金儲けが目的ではないから? いやいやいや。私がもし、人を健康にできる術を知っているなら、その術をオープンにして、一人でも多くの人を助けたいと思いますよ。広め倒しますよ。申し訳ない、そちら様の考え方には共感できないです。……なんで私は仮想おねえさんと仮想喧嘩をしてるんだ! 悲しくなってきた。なんかすげぇ悲しい。

筋トレもマラソンも、やってるといつも悲しくなります。ジムでランニングマシーンで走ってたら、涙を流したことがあります。うっすら肉体的に辛くなると、悲しくなるんです。なぜなのかわかりませんが、辞書どおり「心が病んで泣けてくるような気持ち」になるんですもん。

……今私は、紙パンツ一丁で、とても悲しい。

「すいません。やっぱり弱くしてください」

清水さんに感想を聞くと、相当良かったそうです。その日はよく眠れ、翌日は体の疲れが取れスッキリしたと。なんと、通常の痛さでやってもらったそうです。何度か一緒に旅行してますが、アウトドア系が苦手で、ヘタレだと思っていたので驚きました。我慢強かったとは。「良かったよぉ。黒沢さん、良いとこ紹介してくれてありがとう」清水さんは嬉しそうで、そう言われた黒沢も嬉しそうでした。

そこ。そこなんですよ!! 羨ましい。効いた、効かなかったなんてどうでもいいんです。「ね? 良かったでしょう?」「ほんと良かった。ありがとうね」こんなどこでも聞かれそうな会話、私は随分していない。

私は喜ぶ、という表現が下手です。いや、感情表現全体が苦手です。幼少期、母親によく言われました。「この子はありがとうとごめんなさいを言わない子だよ」と。言えたんです。言えたのに、ある年の誕生日から言えなくなりました。お誕生日プレゼントをもらった私の喜び方が、想像してたのより小さかったんですって。そんなの……ねえ。まだ子供だし、期待したものじゃなかったんですもん。ままごとセットが欲しいって知ってたはずなのに。「喜んでないからあげなきゃ良かった」と怒られました。で、説教の後「ありがとう」と「ごめんなさい」を言う羽目になるんですが、言ったとて「口先だ。嘘だ」とまた怒られました。それ以来、「ありがとう」も「ごめんなさい」も言えなくなってしまったんです。また嘘だと思われたらどうしよう、また怒られたらどうしよう、が言葉を出す前に頭をよぎり、いつ言えば良いのか、わからなくなってしまうんです。黙っていると母親に「この子はありがとうとごめんなさいを言わない子だよ」と言われ、それを言われたらもう本当にタイミングを逸してしまい、ダンマリを決め込むしかなくなるのです。

大人になったら、ごめんなさいを言う機会は減りましたが、ありがとうを言う機会が増えました。しかし何をもらっても、何をしてもらっても「ありがとう」を言う前に顔が硬くなってしまいます。嘘だと思われたらどうしよう。嬉しそうな顔ができてるかな？　声のボリュームは合ってるかな？　なんか喜ぶのが恥ずかしくなってきた。喜ぶって……苦痛だ。

親のせいです。母親のせいで私はこんな人間になりました。

と、長年、母親のせいにしていたのですが、最近、違うような気がしてきました。喜ぼうとすると過去のトラウマがそれを押し込めてしまう、としてきましたが、なんかそれって、ちょっと都合良くない？と。そもそも、何をしても、何を手にしても、実は私はそんなに喜んでなくない?と気づいてしまったんです。ポジティブな方の感受性、鈍くない? もしや、私の喜びセンサー腐ってない?と。

友達が絶賛するお寿司屋に行きました。確かに美味しかったです。でも、ちょっと生臭い魚もあって、あれがなきゃ完璧だったのになぁ、勿体無いなぁと思いました。はい、この私の日記。「美味しかったです」でよくない? 美味しかったお寿司のほうが断然多いんだから、美味しかったネタを一つずつ思い出してもう一回楽しんだらよくない? なんでネガティブの方にフォーカスしてしまうんだろう。一人審査員。審査員気取り。悪いところを見つけ、偉そうにダメ出しをする。

私の友人が舞台に出ることになりました。「絶対観にきて」と言われました。「絶対」をつけるなんて珍しいです。私は「どうだった?」と聞く彼に「面白かったよ。でも、あそこは……」とダメ出しをしました。彼が「絶対観にきて」と言ったのは、どこか改善点があるなら教えて欲しいと私にヘルプを求めていると思ったからです。彼はちょっと呆れたさみしい顔をして言いました。「みっちゃんって、そういう見方するよね」と。彼は私にダメ出しなんか求めてなかったんです。もうとっくに信頼できる仲間と最善は尽くし切っていたんです。ただ楽しんで欲しかっただけなんです。彼に言われてハッと気づいたんですが、「ごめん」と言うのもおかしいし、急に「いやいや本当は面白かったよ」なんて言うのも嘘くさいし……舞台とは関係のない話をちょろっとして帰りました。

否定することは肯定することより簡単です。やっすい作業です。誰でもできることです。だから私は肯定をしたいと思っています。否定は拒絶するだけですから。肯定は、自分の感性で判断するから、責任が生じます。そう思っているのに、何を体験しても、まず否定的なことが頭に浮かんでしまいます。こんなのやめたい。

清水さんに電話しました。光浦さん、潔癖すぎるよ。なんだって100点なんかないよ。60点だよ。60点いったら、それはもう満点なんだよ。手放しで喜んでいいんだよ。それは嘘をつくとは違うよ。マッサージだって100点じゃないよ。でも、ま、あれくらいのスッキリ感が得られれば十分だな、ってことだよ。喜んだほうが人生楽しいじゃん。

と言われたくて電話しました。そうです。これは私の清水アバターが喋ったことです。なんか納得と説得をして欲しくて誘導しました。

「本当は、マッサージ、そんなに良くなかったでしょ？」

「いや、良かったよ。なんて言うのかな、肉質がね、豆腐からこんにゃくに変わった感じ。わかる？」

……わからなかったです。肉、豆腐、こんにゃく？　味付けは砂糖と醬油だな、と思っただけです。清水さんは2歩も3歩も先を行っている。

# コンビ

来年2022年、私たちオアシズがデビュー30周年なんですって。黒沢と電話して知りました。「靖子さん、来年の30周年はイベントするんですか?」「はい?」すっかり忘れていたというか、意識したことなかったです。私たちは1992年の8月の終わりに人力舎のネタ見せに行き、そこをデビューとされています。ネタ見せは誰でも受けられるわけで、それをデビューとしたらいけないんじゃないかなぁ。本人が納得できなくても知らない誰かが作ってるウィキペディアの方が真実になってゆきますからね。一度、仕事でウィキペディアを見ることがあって、その時そこには、元々「オアCズ」というコンビ名で、お笑いに誘ったのがブッチャーブラザーズさんで、大久保さんがOLになった、とありました。全部近い。非常に近いがちょっと違う。

オアCズというコンビ名は、飲み屋で挙がっただけの名前で、一度も使っていません。ただ誰がこれを載せたのか。相当詳しい人です。ブッチャーブラザーズさんは、初めて行ったネタ見せの審査員であり、そのライブの主催者であり、当時人力舎に所属していたお笑いコンビであり、吉本以外の東京のお笑い芸人さん(40代前後)は、みーんなお世話になっています。大久保さんが芸人を辞め一度OLになった、これはよく勘違いされるのですが、大久保さんは芸人?を辞めたことは一度もなく、ずーっと続けていました。オアシズで単独ライブをやったり、営業に行ったり、たまにラジオやテレビに出たりしていました。ただ、世間が知らなかっただけで。初のレギュラー番組「とぶくすり」に私だけが出たので、テレビの人さえも私をピン芸人だと思ったようで、コンビにはあんまり仕事が来なくて(全くのゼロではないんですよ)大久保さんはバイトがメインになっていった、という次第です。生計を立てているものが職業となるならば、OLです。

普通の芸人さんの普通のプライドなら、いくら週6でバイトをしていようが、ひと月に1回しか舞台に立っていなかろうが、自分のことを芸人と言います。でも大久保さんは、というか、そもそも私たちはネタをコンスタントに作っておらず、ライブもファンだけを集めた単独ライブというぬるい環境でしかやらず、ネタから逃げている罪悪感があり、私は女というだけで、ブサイクというだけですぐにテレビに出られたという自覚もあり、胸を張って自らを芸人と名乗ることができませんでした。だから、私は自分のことを「タレント」と呼んでいます。芸をしてないから芸人とは言えないけど、タレント（才能）とは言えるって……そっちの方がおこがましいか？

「私はタレントだけど、大久保さんは？」「うーん……何かなぁ」「ＯＬさんじゃね？」

大久保さんを「ＯＬさん」と呼んだら、怒って、奮起して、本気出すかと思ったら、むしろ自ら「ＯＬ」と名乗るようになりました。大久保さんの口から「頑張ろうよ」という言葉は43年の付き合いになりますが、まだ一度も聞いたことがありません。頑張ろうよ、と煩《うるさ》く言いすぎた私を大久保さんは煙たがっていました。万策尽きたと思いました。

しかし、万策なんか尽きてなく、むしろ私のこしらえてきた策が全部要らなかったようです。自らをＯＬと名乗ることで、歯車はうまく回り出したのです。世間からのウケが良くなったのです。単独ライブでもＯＬネタをやったりすると「説得力があって面白い」となり、初めて見る人は「ＯＬにしては面白い」となってゆきました。ＯＬとなった途端に、求められるモノが変わっていったのです。

大久保さんは芝居が下手ではないですが、上手いわけでもありません。大久保さんはどんな無理な役でも綺麗にこぢんまり、70点に収めるのです。「出オチかよぉ」というわかりやすい笑いにはならないです。あまりに当たり前の顔をしているのでつい見逃しそうになる、万引き常習犯のふてぶてしさがあるのです。これが最大の魅力です。だからコントを作るときは、いつも大久保さんに何着せようかな、何やったら見てる人が「腹たつー」と言ってくれるかな、から考えていました。学園一の人気者の美少女、町工場で肉体労働する男、バブル期の水着のキャンペーンレディ、裸の先生、猫に変身する美少女……。大久保さんにはプロがたまに見せるいやらしさが全くないのです。淡々とこなします。キャリアが浅いのにベテラン感。どっか他人事感。それが地味にずーっとクスクス面白いんです。ここに「ＯＬ」という肩書きが金棒になったのでした。

「めちゃイケ」のスタッフが私たちの単独ライブを見て、大久保って面白かったんだ、となり、「めちゃイケ」に隠しゲストで出ることとなりました。バカウケでした。時代の幕開けでした。


嬉しかったです。眠れる獅子がやっと起きたぜ。この人、うちの学年で一番面白かったんですから。もう一人じゃないんだ。もう怖くなくなる。

初めは嬉しかったのですが、すぐに辛くなっていきました。何も、思い描いたようには運びませんでした。大久保さんは「ＯＬ」という肩書き、扱いなので、スタッフも共演者も、私に要求するものと大久保さんに要求するものが違いました。そして大久保さんはまだ未知の存在で飽きていない。大久保は面白いけど光浦はつまらない、そうなってゆきました。あれ？　あれれれ？　いや、いや、そういうことじゃなくて。一刻も早く、この空気打破しないと……。私だって、いや、私の方が面白いはずです。

私は焦って空回りばかりするようになりました。カラカラカラカラ………。

ネットニュースなどに大久保さんが取り上げられるたびに比べられました。そこにはいつも「逆転」という文字が。ウサギとカメのカメが大久保さんなんでしょうか。何が腹たつって、世間の正義は勝つという空気でした。大久保は今までＯＬで苦労してきたから。テレビに出ないことは苦労なんですかね。ここまでの環境を作るのに、どれだけの苦労をしたことか。

なぜ世間は比べることが好きなのでしょう。自分の意見だけじゃ心もとないから、差で補強しようとするのでしょうか。大久保すごい、それでいいじゃんね。光浦落ち目、これを加えることで、少しでも問題を大きくしようとする人たちの意地悪さに泣かされました。

コンビというものは厄介です。どちらかがボケになればどちらかがツッコミになるように、二人で一つになるもので、趣味も好みもキャラクターも、体質ですら自然と住み分けるようになります。片方に唾をつけられたら片方はもう手をつけられなくなります。大久保さんは男好きで、私はお堅くて、大久保さんが下ネタを言えば、私は「ぎゃー」と耳を塞ぐ。いや、別に、コンビ揃って男好きでもいいんですよ。でも自然と同じ熱量で逆の方向へ進んでゆくんです。後輩芸人のツッコミと私が仲が良ければ、ボケは大久保さんと仲がいい。私がすぐ泣くのに、大久保さんは人前で泣かない。私は寒がりで大久保さんは暑がりで、私は汗っかきで、大久保さんは汗をかかない。私はたい焼きの皮が好きで、大久保さんは餡子《あんこ》が好き。お金のない若手の頃は上手に分けて食べていました。

私たちは小学校1年生からの付き合いなので、地元は共通の友達ばかりです。盆暮れ正月、せっかく田舎に帰ったのに飲み会で顔を合わすと、正直、うんざりします。でも、「大久保さんがいるなら行かない」「光浦さんがいるなら行かない」こういうことをすると、刺激の少ない田舎暮らしに降って湧いたゴシップ、楽しいイベントの一つにされかねないので言いません。「なんだよ、いるのかよ」私と大久保さんが誰にも気づかれずに一瞬、光の速さで目と目で会話します。こういう時、コンビだなと思います。

私たちは結局、仕事のパートナーにはなれませんでした。元々、仲良しで始めたこと。お笑い好きな大久保さんと会う口実が欲しくて、媚びるようにお笑いサークルに入らない?と誘ったのが大元のきっかけです。私が先に売れ、大久保さんが後に売れ、足並みが揃ったことがなくて、揃えようとするとなんだか互いが疎ましくなって、どちらからともなく気づいたんです。一緒に売れる必要はない、と。友達のまんまでいいんじゃない?と。たまーに、コンビでゲストに出ると楽しかったりします。

人と比べていいことなど一つもありません。あれだけ世間に比べられて落ち込んだのに、でも私はいつも大久保さんと自分を比べてしまいます。ここは勝ってる。ここは負けてる。こんなに真面目に生きてきた私が負けるはずがない。でも悔しいかな認めたくないけど、大久保さんは私より、人から好かれます。それは子供の頃からです。私にはとっつきにくい空気があるようです。仲良くなった人にいつも言われます。私がもっとも嫌いなことは冤罪です。自分が間違ったことを言って非難されることは全然平気です。でも間違って伝わることは、ほんの些細なことでも許せません。身長を2センチ間違ってプロフィールに載せられたことを知り、気になって、夜中に急に目が覚めて眠れなくなってしまったこともあります。自分でもおかしいと思っています。ある人は私に言いました。「なんか否定されそうなんだよね」。それは、否定じゃないんだよ。私がしてるのは訂正なんだよ。「ほら、否定された」……頭にくる奴だなぁ。

大久保さんは、受け入れるんですよね。それが間違いでも、なんでも一回は受け入れるんです。一度、なんでそんなに受け入れられるんだ?と聞いたら、『違う、違う』といちいち訂正する方がパワーがいるじゃん。しかも、訂正するほどのことでもないじゃん」と言いました。

……そうだよね。訂正するほどのことじゃないんだよね。世の中、そんなことばかりだよね。

「本当は○○なんでしょ?」

「今、○○って思ったでしょ?」

「違う。違うよ。あ、でもちょっとそうかも?」

「アハハハハハ」

そういう受け止め方でいいじゃんね。なんでか知らん。そんなことができないじゃんね。

「ちゃうわ！　ちゃうわ！　ちょっとそうかも？」

「そやな。そやな。なんでやねん！」

笑いの基本のリズムじゃんね。受け入れは必ず必要じゃんね。


先日、コンビでテレビの収録でした。空き時間、隣に座ってた男性タレントさんが大久保さんに話しかけていました。彼はとても気遣いの人で、私も大好きな人です。でも私は、彼が気を使って話しかけてくれる時の、理性と優しさの顔しか知らなかったので、こんないたずらっ子のような顔をするんだ、とちょっと驚きました。カメラが止まるたびに彼は大久保さんに話しかけますが、大久保さんから話しかけることは一切なく、いつもの低いテンションで返事をするだけです。でも彼は、とても楽しそうでした。

私はこういう人になりたかった。ＯＬを受け入れた時から私は完敗だったんだな。

いや、待て、待て。これも自然と反発するコンビの呪縛じゃないのか？　大久保さんがなんでも受け入れるから、私は受け入れられない人間になってしまったんじゃないか？　そう考えると、なんでもかんでも先に唾をつけた大久保さんが悪い、と結論づけられないか？

30周年は、大久保さんが何か提案してきたら引き受けてやってもいいです。お土産はもらって困るスノードームに決めてあります。

# 老後の話

今日（2021年3月）、通い始めて2年近く、初めて英会話教室の生徒さんの一人とご飯しました。

授業中、窓の外の人気のうどん屋さんを見てたんです。このコロナ禍でも、昼の3時になっても行列は途切れません。「どうしたんですか？」「あのうどん屋さん行ったことある？」「1回だけ。美味しかったですよ。あ、私お腹空いちゃって、良かったら一緒に何か食べに行きません？」すごくさらりと誘われたので、さらりと了承しました。

彼女はいつも黒い服を着ています。1品ずつはオシャレなんですがいつも同じ服で、オシャレなのにオシャレを楽しんでいるわけではないんです。声が低くて小さくて静かな佇まいだけど、人懐っこい。だって、この私を誘うんですよ。反対のものが同居している、綺麗な人です。私もいつの頃からか「あ、いるな」なんてチラ見したり、彼女が来ると心なしか先生たちのテンションが上がる気がして、あ、贔屓だ！なんて思ったりして。50歳を目前に「贔屓」という単語を使うとは、私もまだまだ若い。

彼女は私より10個年下でした。彼女は今の仕事が好きだけど、甘くない未来がうっすら見えていて、何か備えなければという危機感はあるけど具体策はまだなくて、とりあえず英語はマスターしておきたくて通っているそうです。

わかるぅ～。すげぇわかるぅ～。一緒～。具体的な何かが浮かんでるわけではないんです。でも、時間は過ぎてゆくわけで、だったらとりあえずオールマイティーなスキルって英語だし、英語をマスターしたら手に入れられる情報は半端なく増えるし、究極、日本でダメなら海外で働くしかないし。

現在、日本人女性の二人に一人は90歳まで生きます。事実です。寿命は伸び続けています。「これからは人生１００年」なんて言われてますけど、自分が１００まで生きるって、本気で考えてる人はどれくらいいますかね。「このカレー超うめぇ。俺100杯食べれる!」に象徴されるように、「100」って数字はバカっぽい数字なので、虚構感満載で、真実味が薄れてる気がします。またまたぁ、大げさに言ってるんでしょ？と。「人生102年」にしたらビビると思います。

私はだいぶ前からビビっています。37歳の時に受けた人間ドックでした。血液検査の結果を見ながら、先生が私に言ったんです。「このタイプは100まで生きるんだよね」と。怖かった。すごく怖かった。あと何十年、一人で生きてゆかなきゃいけないんだ？　働き続けなきゃいけないんだ？　うちは父方も母方も長寿家系です。きっと私は100に収まる女じゃない。110はいく気がする。町長さんに賞状と紅白饅頭もらってもねぇ……嬉しくないよ。

こんな事実を踏まえ、今のうちに後半の人生のレールを敷いておかなきゃいけないと思ったんです。このまま行くと、一生独り身でしょう。これから体は衰えてゆきます。収入も減ってゆきます。1年経つごとに転職、再就職は難しくなってゆきます。

もちろん、この仕事を続けてゆきたいですよ。だってやっぱ楽しいですもん。共演者が面白いですもん。余分な日本語を可能な限り削ぎ落とした会話は、行間は自分らで補う会話は、まるで超能力で会話してるみたいで、ヒリヒリして興奮します。たまに自分の脳ミソがぎゅんぎゅんに回転した時、脳内麻薬がぴゅんぴゅん出てきます。その感覚は忘れることができません。でも芸能界に勤続29年ですが、「安泰」という椅子は回ってくるどころか、競争率は永遠に上昇中です。こういうことを言うと「景気の悪い話すんなよ」と嫌な顔をする人もいます。でも決して悲観的ではないんです。

今の私は仕事もあるし、健康だし、気力もあるし、幸い親も元気で、全ての時間を自分のためだけに使えます。これから始まる後半の人生の中で、今が一番強いんです。無敵なんです。無敵の私が未来の私を育ててやろうと思ったんです。将来、このおばあちゃんが笑って生きてゆけるレールを、これからの5年?10年?で敷いてやろうと思ったんです。18歳まで親が私にしてくれたことを私にしてやる感じ? 子育てならぬ、おばあちゃん育てです。

この打たれ弱い偏屈なおばあちゃんの得意なことってなんだ？　得意なことを伸ばしてやるか、新たなスキルを身につけさせたらいいか。どんな経験をさせて、性格をどのように修正してやればいいか。自分のこととして考えると暗くなります。が、他人事のように考えると、楽しいです。

人を羨むパワーは結構あります。ああ、こんな家庭に生まれてたら、幼少期にこんな経験させてもらってれば私だって……と思ったことを、可能な限りこれから経験しちゃえばいいじゃね？と思ったんです。大人になって経験しても遅いでしょ？　いや、わからんですよ。私の周りに子供の頃やれたらよかったってことを大人になってやった人、いないんですもん。そんなしつこい人いませんよ。周りにサンプルがないから実験です。

留学の話をすると、10個年下の彼女が褒めてくれました。仕事に繋がろうが、繋がるまいが、いい経験にしかならないじゃないですか！　羨ましい、と。人から「羨ましい」なんて言われたことあったかなぁ？　自分なんか羨ましいわけない、と頑《かたく》なに思ってて聞こえてなかったのかな。私はあなたのように人をさらりご飯に誘えるところが羨ましいよ。すごくいいトーンでよく笑うところも羨ましいよ。食べまくる姿が美しいのも羨ましいよ。

考え方を、性格を少し変えたい。少し変わったら、いい女になれる自信があるんだよねぇ。もう雪崩式に、ほっといてもいい女になっちゃうんだよね。見えてるんだよねぇ。

彼女はデザイン系の仕事をしているので、内緒で、制作中の手芸本のゲラを見せました。「すごい、海外でウケそう」と言ってくれました。嬉しい……嬉しいっちゃあ嬉しいんですが、この「海外でウケそう」は「結婚したらいい奥さんになりそう」くらい言われているんですね。なんか、こう、褒めながら上手に逃げるセリフというか……どっちも「自分はちょっとごめんなさい」の意味を持ってますでしょう？　ちょっと追い詰めてみました。「海外でウケるよって人から言われてインスタを始めたけど、全然、海外どころか、日本でもフォロワー増えないよ」と。で、インスタを見せました。彼女が言いました。「この写真は……ないわぁ。撮り方がダメだ」信用できる人だ！！！　カナダに飛び立つ前に連絡先聞いておこう、かなぁ。

初出
「はじめに」の「留学の話」は
『文藝春秋』（二〇二〇年十一月号）掲載。
ほかは書き下ろしです。

光浦靖子（みつうらやすこ）

1971年生まれ。愛知県出身。幼なじみの大久保佳代子と「オアシズ」を結成。国民的バラエティー番組『めちゃ²イケてるッ！』のレギュラーなどで活躍。また、手芸作家・文筆家としても活動し、著書に『靖子の夢』、『傷なめクロニクル』など。

「ガンダーラ」
作詞：山上路夫・奈良橋陽子
作曲：タケカワユキヒデ

協力：プロダクション人力舎、吉田尚子

50歳《さい》になりまして

2021年5月20日　第1刷発行
2021年6月20日　第3刷発行

著　者　光浦靖子《みつうらやすこ》
発行者　鳥山靖
発行所　株式会社　文藝春秋
〒102-8008　東京都千代田区紀尾井町3-23
☎03-3265-1211

印刷・製本　大日本印刷

万一、落丁、乱丁の場合は、送料当方負担にてお取替えいたします。
小社製作部宛にお送りください。定価はカバーに表示してあります。

IISBN978-4-16-391378-0
Printed in Japan